Untergang der Obligation

durch

Zweckerreichung.

Eine Untersuchung
auf dem Gebiete des deutschen bürgerlichen Rechts

von

Dr. jur. Peter Klein.

Berlin 1905.
J. Guttentag, Verlagsbuchhandlung,
G. m. b. H.

Vorwort.

Das vorliegende Buch war zunächst als ein Kapitel „Unmöglichkeit der causa“ einer grösseren Arbeit über die causa-Lehre, zu der die Lehre von der Zweckerreichung gehört, gedacht. Zu seiner Veröffentlichung in der vorliegenden Form bestimmten mich folgende Gründe: Zunächst glaubte ich, dass die Herausgabe einer grösseren Arbeit über die causa-Lehre sich nicht eher empfehlen dürfte, als bis die Streitfragen, die in neuester Zeit über das Wesen der causa wieder laut geworden, geklärt sind. Daher hielt ich — abgesehen von einzelnen mehr aktuellen Abhandlungen — mit der Veröffentlichung einer grösseren Arbeit über die causa-Lehre zurück.

Sodann bot eine Darstellung der ganzen causa-Lehre — sollte die Arbeit nicht unverhältnismässig anschwellen oder in der Ausarbeitung ihrer einzelnen Teile ungleich werden — nicht in einem Kapitel den genügenden Raum, um das umfangreiche Problem der Zweckerreichung (Unmöglichkeit der causa) auch nur in allgemeinen Zügen darzustellen, geschweige gegen verwandte Probleme abzugrenzen. Bei einer Einzeldarstellung fielen diese Schwierigkeiten weg.

Das Buch behandelt das Problem des „Untergangs der Obligation durch Zweckerreichung“ nach deutschem bürgerlichen Recht. Da das deutsche bürgerliche Recht aber gerade im Obligationenrecht den Schlussstein der gemeinrechtlichen Rechtsentwicklung bildet, so musste überall auf das gemeine Recht zurückgegriffen werden. Hierbei war grösste Selbstbeschränkung geboten.

Auch überall dort, wo ich zu den Grundfragen des Obligationenrechts Stellung zu nehmen gezwungen war, musste ich mich damit begnügen, die eigene Ansicht klarzustellen.

Über die Anlage des Buches habe ich mich S. 13 dieses Buches geäussert.

Oertmanns „Vorteilsausgleichung“ und Rappaports „Einrede aus dem fremden Rechtsverhältnisse“ waren für meine Untersuchung von besonderem Interesse. Beiden Werken verdanke ich vielfache Anregungen.

Ob es den hiermit der Öffentlichkeit übergebenen Ausführungen gelingen wird, von dem Bestehen eines allgemeinen Prinzips des Erlöschens der Obligation durch Zweckerreichung zu überzeugen? . . . Ihre Aufgabe ist erfüllt, wenn sie zur weiteren Erforschung des Problems anregen.

Bonn, im März 1905.

Der Verfasser.

Inhaltsverzeichnis.

Abkürzungen.

1. Für die Bildung der Abkürzungen waren die auf dem 27. deutschen Juristentage angenommenen Vorschläge für die Art der Anführung von Rechtsquellen, Entscheidungen und wissenschaftlichen Werken (1905), erste Ausgabe, massgebend.

2. Die Kommentare und Lehrbücher zum BGB. werden in neuester Auflage (Dernburg und Planck III. Aufl., Staudinger II. Aufl.) wie folgt zitiert: Dernburg, BR. I § . . S. .

Die Pandektenlehrbücher von Windscheid (8. Aufl.) und Dernburg (7. Aufl.) werden als „Windscheid" und „Dernburg" zitiert.

Das Corpus. jur. civ. wurde nach der Krüger-Mommsenschen Ausgabe zitiert.

I. Das Problem.

Der Untergang der Obligation durch Zweckerreichung als Frage. § 1.

1. A. schuldet aus einem Grundstückskauf dem B. 10 000 Mk. Restkaufpreis. Er bestellt dafür dem B. an dem gekauften Grundstück eine Hypothek in gleicher Höhe. A. zahlt nach der vereinbarten Zeit dem B. die 10 000 Mk. — Beide Ansprüche (die grundbuchrechtliche Seite der Hypothekenschuld lassen wir ausser acht) erlöschen.

2. X. schuldet dem Y. aus einem Kreditkauf 100 Mk. Y. fordert von X. zur grösseren Sicherheit und Verwertbarkeit seiner Forderung ein Akzept über 100 Mk. X. löst am Zahlungstage den Wechsel ein. — Kauf- und Wechselschuld erlöschen.[1])

---

3. Die Studenten Leidvoll, Freudvoll, Gedankenvoll beschädigen gemeinsam das neue Kleid des Fräulein Zärtlich durch Bespritzen mit Schwefelsäure. Fräulein Zärtlich, eine streitbare, ältere junge Dame verklagt einem Herzensinstinkt folgend von ihren Gesamtschuldnern[2]) den wohlbegüterten Freudvoll. Freudvoll tilgt die Schadensforderung durch Zahlung.[3]) Damit erlöschen zugleich die

---

[1]) Vgl. Dernburg, BR. II 1 § 160 I S. 414.

[2]) BGB. § 840 I. — [3]) BGB. § 422 I.

Forderungen des Fräulein Zärtlich gegen Leidvoll und Gedankenvoll.[4–5]) — Warum?

4. Der Wirt Langmut weigert sich den „ewigen“ Studenten Leichtsinn und Frohsinn noch weiterhin Kost und Logis auf Kredit zu gewähren. Leichtsinn (immatrikulierter Jurist) macht Langmut auf das den Gläubiger sicherstellende, die Rechtsverfolgung erleichternde Institut der Gesamtschuld durch Gesamtakt[6]) aufmerksam und erreicht also einen weiteren Kredit. Leichtsinn und Frohsinn promittieren ihrem Gläubiger Langmut „samt und sonders“ „einer für alle“ „Haftung insgesamt“ 400 Mk. am 1. Okt. 1904 zu zahlen.[7]) Am 30. Juli 1904 stirbt Leichtsinns Onkel Sorgenvoll, und Leichtsinn erbt 100 000 Mk. Leichtsinn tilgt am 1. Sept. 1904 zu Langmuts Erstaunen die Schuld von 400 Mk. Die Forderung Langmuts gegen Frohsinn ist ebenfalls erloschen.[5]) Warum?

5. A. schuldet dem B. 1000 Mk. A.s Vermögensverhältnisse und Kredit sind durch ungünstige Konjunkturen gefährdet. C., A.s bester Freund, befürchtet ein Vorgehen des B. gegen A. und übernimmt deshalb die A.sche Schuld kumulativ. Die Konjunkturen werden günstiger. A. bezahlt den B. C. wird ebenfalls frei. — Warum?[8])

6. Der Kaufmann Lässig verbürgt sich selbstschuldnerisch für seinen Freund Grossfuss bei dem Bankier Hülf-

---

[4]) BGB. § 421 letzter Satz; für unsere Untersuchung ist das Problem nicht durch die im Gesetz getroffene Entscheidung gelöst.

[5]) Von der Besonderheit des § 426 II — Übergang der Forderung auf den erfüllenden Gesamtschuldner — sehen wir hier ab. Vgl. vorläufig Hartmann, Die Obligation, S. 46-52.

[6]) Vgl. Kuntze, „Der Gesamtakt, ein neuer Rechtsbegriff“ in den Festgaben für O. Müller 1892; Dernburg, BR. II 1 § 160 IV 1 S. 416.

[7]) Vgl. auch l. 4 D. 45 2.

[8]) Vgl. Dernburg, BR. II 1 § 155 III.

bereit. Grossfuss gewinnt in der Lotterie und tilgt seine Schuld bei Hülfbereit. Lässig wird frei.[9]) — Warum?

---

7. Der Mieter hat die vermietete Sache nachlässig verwahrt. Ein Trunkenbold beschädigt sie. Der Mieter deckt den dem Vermieter entstandenen Schaden. Steht dem Vermieter noch ein Anspruch gegen den Trunkenbold zu oder ist dieser Anspruch durch des Mieters Zahlung erloschen?[10])

8. Ein Baumeister wird von einer Gemeinde auf Schadenersatz belangt, weil er den ihm übertragenen Bau einer Kirche so mangelhaft ausgeführt hat, dass dieselbe eingestürzt ist. Der entstandene Schaden ist längst durch freiwillige Sammlungen gedeckt. — Ist darum die Forderung der Gemeinde gegen den Baumeister erloschen?[11])

9. Auf einer Eisenbahnfahrt kam ein Reisender durch Unglücksfall ums Leben. Seine Witwe fordert als Entschädigung eine Jahresrente von 653 Mk. Der verstorbene Ehemann hat die Klägerin mit einer jährlichen Rente (Witwenpension) von 700 Mk. versichert. Die Versicherung zahlt die Pension. Ist die Forderung gegen die Bahn erloschen?[11a])

---

9) Vgl. Dernburg, BR. II 1 § 160 IV 3 S. 416.

10) Vgl. Dernburg, BR. II 1 § 160 V S. 417.

11) Vgl. Oertmann, Vorteilsausgleichung beim Schadensersatzanspruch (1901), S. 91; Stammler, Die Einrede aus dem Rechte eines dritten, Sonderdruck aus der Festgabe der Juristenfakultät Halle zu Dernburgs fünfzigjahrigem Doktorjubiläum, S. 2/3; Stammler, Das Recht der Schuldverhältnisse in seinen allgemeinen Lehren, S. 228; im folgenden zitiere ich die hier genannten Werke als: Oertmann, Vorteilsausgleichung, S. . . .; Stammler, Einrede, S. . . .; Stammler, S. . . .

11a) Stammler, Einrede, S. 4; Oertmann, Vorteilsausgleichung, S 111 ff.

10. X. hat das Haus des Y. in Brand gesteckt. Ein Wohltäter Z. schenkt dem Y. die Mittel zum Aufbau des Hauses. Ist damit die Forderung Y.s gegen X. erloschen?[12])

11. Das Dienstmädchen erkrankt durch Schuld des Arbeitgebers. Es erhält von einem Onkel Kur und Pflege. Ist damit die Verpflichtung des Arbeitgebers gegenüber dem Dienstmädchen erloschen?[13])

---

12. Der Anstreichermeister X. hat im Hause des Y. Anstreicherarbeiten ausgeführt. Abends acht Uhr wurde er mit dem Anstreichen des untersten Sockels fertig. Gegen neun Uhr kehrte X. zum Hause des Y. zurück. Um sich bei der Geschäftsflaue neue Arbeit zu verschaffen, beschmiert er den Sockel mit roter Farbe. Er hofft, Y. werde durch ihn den Sockel neu streichen lassen. Niemand hat von der Tat des X. etwas bemerkt. In seiner ersten Freude über den gelungenen Streich erzählt X. sein Heldenstückchen seiner Frau. Frau X. aber dringt so lange in X., bis dieser sich entschliesst, im Interesse seines Hausfriedens noch in der Nacht die roten Flecken mit der Sockelfarbe zu überstreichen. Y. erfährt von dem ganzen Vorgange nichts. — Ist die Schadenersatzforderung des Y. gegen X. erloschen und warum?[14])

---

13. A. schuldet dem B. aus einem Verpflichtungskauf einen Achenbach. B. rettet das Kind des A. mit eigener Lebensgefahr aus dem Wasser. A. schenkt nun dem B.

---

[12]) Stammler, Einrede, S. 54.

[13]) Oertmann, Vorteilsausgleichung, S. 91.

[14]) Vgl. Klein, Die Natur der „Erfüllung durch Herstellung“ bei Schadenersatzobligationen, SächsArch. 14 S. 316ff.; ders., Beiträge zur causa-Lehre, ÖstCBl. 22 S. 452ff.

aus Dankbarkeit für die Rettung seines Kindes den zu liefernden Achenbach. Die Forderung B.s aus dem Verpflichtungskaufvertrage gegen A. ist erloschen. — Warum?[15])

---

14. In Bonn wohnt ein unbemittelter, ausgezeichneter Geiger. Sein Herzenswunsch ist eine dem H. gehörige Geige käuflich zu erwerben. Von diesem Wunsche erfahren die Musikfreunde F. und J. F. bestimmt testamentarisch, dass dem Geiger die H.sche Geige verschafft werden solle. J. verpflichtet sich durch notarielles Schenkungsversprechen, dem Geiger H.s Geige zu verschaffen. F. wusste bei seiner Verfügung zugunsten des Geigers nichts von der grossmütigen Absicht des J. und umgekehrt. F. stirbt. J. erwirbt H.s Geige und gibt sie (solvendi causa) dem hochbeglückten Geiger. Kann dieser nun noch gegen die Erben F.s aus der testamentarischen Verfügung F.s Ansprüche geltend machen? Was können die Erben F. einwenden?

15. Nach einem zwischen O. und Q. geschlossenen Werkvertrage soll Q. einen Erdwall beseitigen. Ehe Q. seine Arbeit beginnen kann, schwemmt Hochwasser den Erdwall weg. Ist die Forderung des O. gegen Q. damit erloschen?[16])

---

16. A. beerbt seinen Onkel B., dem er 10000 Mk. schuldete. Die Forderung erlischt.[17]) — Warum?

---

[15]) Vgl. Windscheid, § 343a; der dort besprochene Meinungsstreit dauert fort. Siehe auch Rappaport, Die Einrede aus dem fremden Rechtsverhältnisse (1904), S. 184.

[16]) Rappaport a. a. O., S. 182/3.

[17]) Vgl. S. 117/8 u. 149 dieses Buches!

17. In der Stadt B. bestanden zwei Dienstmannsinstitute des X. und Y. X. pflegte seinen Angestellten eine Konventionalstrafe von 100 Mk. aufzuerlegen, falls sie binnen Jahresfrist nach ihrem Austritt in das Institut des Y. eintreten würden. Z., ein Angestellter des X. tritt am 1. Okt. 1903 aus. X. gibt am 1. Nov. 1903 sein Institut auf. Besteht nun, wenn Z. nach dem 1. Nov. 1903 — etwa am 5. Dez. 1903 — sich von Y. anstellen lässt, für X. eine Forderung auf Leistung der 100 Mk. Konventionalstrafe? — Wenn nicht, warum ist sie erloschen?[18–19])

Historische Überlieferung des Problems. § 2.

In den Quellen des römischen Rechts werden Fälle des Untergangs der Obligation durch Zweckerreichung[20])

[18]) Vgl. Hartmann a. a. O., S. 60 Anm. 8.

[19]) Die vorhin aufgezählten Fälle gehören nicht alle zu dem Problem der Zweckerreichung. Aber dieses Problem wird nur dann klar erkannt, wenn es gegen verwandte Probleme scharf abgegrenzt wird.

[20]) Einige Beispiele zum Beleg und zur Beleuchtung.

l. 34 § 8 D. 30. Et multo magis hoc dicendum est, si duobus testamentis mihi eadem res legata sit, sed alter me restituere rogaverit vel ipsam rem, vel aliud pro ea, aut si sub conditione legasset dandi quid pro ea: nam hactenus mihi abesse res videtur, quatenus sum praestiturus. (Vgl. Hartmann, a. a. O. S. 99.)

l. 17 D. 44 7. Omnes debitores, qui speciem ex causa lucrativa debent, liberantur, cum ea species ex causa lucrativa ad creditores pervenisset. — Traditum est, duas lucrativas causas in eundem hominem et in eandem rem concurrere non posse. § 6 I. 2 20.

l. 61 D. 46 3. In perpetuum, quoties id, quod tibi debeam, ad te pervenit, et tibi nihil absit nec quod solutum est, repeti possit, competit liberatio. (Vgl. auch Hartmann a. a. O. S. 83, 85.)

Die Entscheidungen, die in den Institutionen gegeben sind, die Julian und Paulus für die Fälle des concursus duarum causarum lucrativarum treffen, sind zutreffend. Aber sie fliessen — (bei schärferem Zusehen wird man finden, dass die Begründungen dieser Entscheidungen keine Begründungen sind. Nur ein Beispiel! duas causas . . . concurrere non posse. Warum? Hier beginnt eben erst das Problem!) — nicht aus einem höhern allgemeinen Prinzip. Während die Institutionen und Julian (ähnlich auch Africanus l. 108 § 4 D. 30: „nec bis eadem res praestari possit") an eine Lösung unseres Problems mit „unverschuldeter Unmöglichkeit der Leistung" gedacht zu haben scheinen, dürfte Paulus „nihil tibi absit" seine Lösung des Rechtsfalles mit „Zweckerreichung" begründet haben. [Vgl. Windscheid, § 343a, besonders Anm. 6.] [Hervorgehoben sei, dass die Quellen allein von dem Falle sprechen, dass dem Gläubiger die konkrete Sache verschafft worden ist, auf deren Verschaffung sein Forderungsrecht ging.]

Noch dürftiger begründen die römischen Juristen ihre wiederum zutreffenden Entscheidungen in Fällen der confusio.

l. 75 D. 46 3 (wir scheiden die antiquierten Fälle der l. 37 D. 9. 4 und in § 6 I. 4 8 für unsere Betrachtung aus). sicut acceptilatio in eum diem praecedentes perimit actiones, ita et confusio: nam si debitor heres creditori extiterit, confusio heriditatis perimit petitionis actionem.

Sie entscheiden also, quia ipse mecum agere non possum (Gai IV 78). Aber damit ist das Problem nicht scharf erfasst und gelöst. Die rechtliche Situation, dass ich mit mir selbst prozessieren müsste, ist ja erst Folge der confusio, deren Wesen untersucht werden soll.

Ex huiusmodi obligationibus et stipulantibus solidum singulis debetur, et promittentes singuli in solidum tenentur. In utraque tamen obligatione una res vertitur: et vel alter debitum accipiendo vel alter solvendo omnium perimit obligationem et omnes liberat. § 1 I. III 16.

Ubi duo rei facti sunt, potest vel ab uno eorum solidum peti: hoc est enim duorum reorum, ut unusquisque eorum in solidum sit obligatus possitque ab alterutro peti. et partes autem a singulis peti posse nequaquam dubium est, quemadmodum et a reo et fideiussore petere possumus; utique enim, quum una sit obligatio, una et summa est, ut sive, unus solvat, omnes liberentur, sive solvatur ab altero, liberatio contingat. l. 3 § 1 D. 45 2.

Quum duos reos promittendi facerem ex diversis locis, Capuae pecuniam dari stipulatus sim, ex persona cuiusque ratio proprii temporis habebitur: nam etsi maxime parem causam suscipiunt, nihilo minus in cuiusque persona propria singulorum consistit obligatio. l. 9 § 2 D. 45 2.

geregelt; es fehlt aber eine auf das ganze Problem abzielende, sachliche Erörterung.[21])

Daher ist, sobald wir uns dazu wenden, die in den römischen Rechtsquellen geregelten Fälle der Zweckerreichung durchzuprüfen, eine sichere Antwort auf die Frage: handelt es sich bei diesen Entscheidungen um bewusste Anwendung eines allgemeinen Grundsatzes, oder haben die römischen Juristen, unbefangen von einem Prinzip, mit ihrem bekannten bewundernswerten Feinsinn nach den Nuancen des Falles der richtigen Interessenausgleichung entsprechend — fast unbewusst — das Richtige getroffen, nicht möglich.[22–23])

An diese Quellenstellen knüpft bekanntlich der berühmte Meinungsstreit an, ob es sich bei der Korrealobligation um eine einzige Obligation mit einer Mehrheit von subjektiven Beziehungen oder aber um formale Mehrheit der Obligationen für die einzelnen Schuldner und Gläubiger handelt [vgl. dazu die ausgezeichnete Literaturübersicht bei Windscheid, § 293 Anm. 1]. Selbstverständlich liegt es ausserhalb des Rahmens unserer Darstellung zu diesen noch immer strittigen Fragen (vgl. auch Binder, Die Korrealobligationen im römischen und im heutigen Recht) Stellung zu nehmen. Trifft die Einheitstheorie von der Mehrheit der subjektiven Beziehungen zu, so käme die Lehre für unser Problem nicht in Betracht. Ist die Mehrheitstheorie richtig, so gilt auch von diesen Quellenstellen, dass zwar hier unser Problem richtig gelöst ist, eine tiefgehende Begründung aber fehlt.

[21]) Vgl. S. 12 dieses Buches und Anm. 20.

[22]) Wir sind aber weit davon entfernt, Meumann, Prolegomena zu einem System des Vermögensrechts (1903) S. 6, 7 ff., der in Anlehnung an Demelius, die Rechtsfiktion S. 77, bei den römischen Juristen ein völliges Fehlen der Fähigkeit zum Abstrahieren behauptet, zuzustimmen. Wenn die Römer nicht so häufig ihre Entscheidungen auf allgemeine Grundsätze, wie dies unserer Denkweise entspricht, stützten, so lässt sich daraus noch nicht auf ein Fehlen solcher allgemeiner Grundsätze schliessen. Vgl. auch Jhering, Geist des röm. Rechts, II 2 S. 364.

[23]) Vgl. die in Anm. 20 angegebene Literatur.

Die Glossatoren und Postglossatoren haben sich damit begnügt, die Entscheidungen der römischen Rechtsquellen in den Glossen zusammenzustellen, ohne nachzuprüfen, ob diese Entscheidungen aus einem allgemeinen Grundsatze fliessen oder nicht.

Erst Donellus,[24]) der in der Kunst der Auffassung und Entwicklung des inneren Zusammenhanges aller einzelnen Rechtssätze und Rechtsinstitute bisher Unübertroffene, drang tiefer in unser Problem ein. Recidit autem obligatio in eum casum, a quo incipere non poterat, cum quae res ab initio constituebant obligationem et sine quibus consistere non poterat, eae in contrarium versae esse desierunt. Cuius generis hae sunt: res, quae promittitur, sine qua nihil dari aut fieri potest: personae eorum inter quos obligatio intercedit; neque enim quidquam deberi potest, nisi sint duo, quorum unus debeat, alteri debeatur: postremo adquirendi finis; est enim omnis obligatio in hoc comparata, ut adquirat quisque quod sua interest." „Hinc huius generis liberationis receptae tres species natae ex illo fronte: interitus rei debitae; confusio obligationis; duarum causarum lucrativarum in eandem personam concursus."[25]) Diese Ausführungen erschöpften allerdings nicht das Problem der Zweckerreichung,[26]) aber

---

[24]) Comment, jur. civ. lib. 16. De solutionibus et omnis generis liberationibus. Cap. 1 § 4; § 6.

[25]) Vgl. auch Donellus a. a. O. § 5. . . . sive quod jam satis res sit quaesita ex una causa, ut ex alia dari non possit, necesse est evenire, ut obligatio . . .

Vgl. auch Cap. 4 § 2, 3; est autem confusio obligationis, cum ius et locus duarum personarum, quas in obligatione constituenda destinctas esse opportebat, in unam eandemque personam devenit hereditatis iure; hoc genere tolli obligationem, quia redierit res in eum casum a quo incipere non poterat, apparet.

[26]) Vgl. S. 117/8, 149 dieses Buches.

sie gaben wertvolle Gesichtspunkte für seine Lösung. Vor allem verdient die Scheidung zwischen „interitus rei debitae" und dem „duarum causarum lucrativarum in eandem personam concursus" Beachtung.

In neuerer Zeit ist dann bei den eingehenden Untersuchungen über den Begriff des Forderungsrechts, der mehr als irgendein anderer der Grundbegriffe des Privatrechts im neunzehnten Jahrhundert behandelt worden ist, die Lösung des Problems erheblich gefördert worden. Weil einseitig bald die Haftung des Schuldners,[27]) bald das Gläubigerrecht an[28]) der (auf[29]) die) schuldnerische Handlung, bald das Moment des Zwecks[30]) als Wesensmerkmal für die Begriffserklärung des Forderungsrechts verwertet wurde, traten die verschiedenen Seiten der Obligation, die in unserer Erörterung zu prüfen sind, deutlich hervor.

Auch die Untersuchungen über die compensatio lucri cum damno (speziell die Kausalität des damnum für das lucrum), über Anspruchsidentität und Aktionenkonkurrenz[31]) haben wertvolle Einblicke in unser Problem gestattet.

Das Problem der Zweckerreichung in seiner Totalität aber ist niemals in der gemeinrechtlichen Literatur erörtert worden.

Es gibt darüber keine noch so bescheidene selbständige Arbeit.

---

[27]) Vor allem Brinz in Grünhuts Z. I S. 11 fg. und in seinen Pandekten. Näheres darüber bei Windscheid, § 250 Note 2; Crome, BR. II S. 1 Anm. *, **.

[28]) Puchta, Pandekten, 12. Aufl., § 219; v. Savigny, System des heutigen römischen Rechts, I S. 339; ders., Das Obligationenrecht als Teil des heutigen römischen Rechts, I § 2—4; Windscheid, § 250 Note 2.

[29]) Windscheid, § 250. — [30]) Hartmann a. a. O.

[31]) Gute Literaturübersicht bei Rappaport a. a. O. S. 155 ff.; siehe auch Crome, BR. I S. 181; Staudinger, BR. I S. 534 Anm. 10.

Von dem mittelalterlichen deutschen Obligationenrecht war bei dessen bekannter geringen Entwicklung — charakteristisch ist dafür cap. VI „von schulde“ des Richtsteig Landrecht — nicht die Lösung unseres Problems zu erwarten. In einer Zeit, wo die wirtschaftliche Kultur noch fast ganz auf der Stufe der Naturalwirtschaft mit unentwickeltem Verkehrsleben verharrte, wo die städtischen Statuten sich eben zu einer dürftigen Kasuistik des Obligationenrechts erhoben und kaum die ersten Anfänge in bezug auf dessen prinzipielle Gestaltung überschritten hatten, vom römischen Recht abgelöst und in seiner Entwicklung gehemmt, war es verurteilt zu verkümmern.[32])

Auch in den Landesprivatrechten, vor allem dem preussischen Privatrecht, dem code civil und dem österreichischen allgemeinen bürgerlichen Gesetzbuche und deren wissenschaftlichen Bearbeitungen[33]) wurde das Problem der „Zweckerreichung“ nicht einheitlich gelöst. In Fragen des Obligationenrechts übte hier die gemeinrechtliche Theorie einen entscheidenden Einfluss aus.[34])

Hat nun die neueste Gesetzgebung, das BGB., unter Beseitigung der gemeinrechtlichen Kontroversen das Problem des „Untergangs der Obligation durch Zweckerreichung“ gelöst? Nach den Motiven[35]) — und die lex

---

[32]) Vgl. Gerber, Deutsches Privatrecht, 17. Aufl. S. 316fg.

[33]) Vgl. Unger, System des österreichischen allgemeinen Privatrechts; Dernburg, Lehrbuch des preussischen Privatrechts und der Privatrechtsnormen des Reichs, 3 Bde., 1. u. 2. in 5., 3. in 4. Aufl.; Förster-Eccius, Preussisches Privatrecht, 7. Aufl.; Zachariae-Crome, Handbuch des französischen Zivilrechts, 8. Aufl.; Crome, I. Allgemeiner Teil der modernen französischen Privatrechtswissenschaft, und II. Grundlehren des französischen Obligationenrechts.

[34]) Dernburg, Priv. II S. 1 ff.

[35]) I S. 278.

lata bestätigt diese Ausführungen, — umging man mit einer gewissen bewussten Scheu die Erörterung der gemeinrechtlichen Kontroversen, die Lösung unseres Problems in seiner Totalität und begnügte sich damit, einzelne Anwendungsfälle zu regeln.

Man mag diese Enthaltsamkeit der Gesetzgebung beklagen, — für die Wissenschaft wurde dadurch jedenfalls die Bahn vollkommen frei. Sie musste den Versuch machen unter Berücksichtigung des durch die Gesetzgebung Geschaffenen das Problem abschliessend zu lösen. In dieser Richtung sind bereits wertvolle Arbeiten geleistet worden. Stammler[36]) entdeckte für die Rechtswissenschaft das Problem der „Einrede aus dem Rechte eines dritten" wieder und gab in seinen tiefgründigen Untersuchungen dieses Problems neue, wertvolle Anregungen für die Beantwortung unserer Frage. Oertmann[37]) erweiterte und vertiefte die Lehre von der compensatio lucri cum damno und behandelte in seinem grundlegenden Werke: „Die Vorteilsausgleichung beim Schadenersatzanspruch" eine Reihe von Fragen, deren Beantwortung für die Untersuchung unseres Problems Voraussetzung ist. Schliesslich hat sich in neuester Zeit Rappaport[38]) in seinem verdienstvollen Buche: „Die Einrede aus dem fremden Rechtsverhältnis" wenn auch nicht ausschliesslich so doch eingehend mit Fragen unseres Problems beschäftigt.

---

[36]) Stammler, S. 227/8; ders., Einrede.

[37]) Vgl. besonders S. 131 ff. dieses Buches.

[38]) Rappaport a. a. O. besonders S. 151—194.

Plan der Untersuchung. § 3.

An diese bisher gewonnenen Ergebnisse knüpfen unsere Untersuchungen an. Aber sie greifen — wie bereits § 1 unserer Erörterung zeigt, — weit darüber hinaus. Sie wollen das ganze vielseitige Problem „des Untergangs der Obligation durch Zweckerreichung" zur Darstellung bringen, es gegen verwandte und benachbarte Probleme abgrenzen und damit eine Lücke in der Lehre vom Erlöschen der Schuldverhältnisse ausfüllen.

Die Anordnung des Stoffes erfolgte nach folgenden Gesichtspunkten:

Zunächst musste durch Festlegung der notwendigen Vorbegriffe eine sichere Grundlage für unsere Untersuchung gewonnen werden.

Dann war genau zu prüfen, inwieweit im Gesetz das Problem der Zweckerreichung gelöst worden ist.

Weiterhin galt es zu untersuchen, ob und inwieweit die Wissenschaft in Anlehnung an das Gesetz die hier vorhandenen Gesetzeslücken ausgefüllt hat, und endlich, den Ergebnissen der eigenen Forschung entsprechend, die Lehre von der Zweckerreichung auszuweiten.

Einen kasuistischen Teil, in dem die gefundenen Ergebnisse zur Erklärung einzelner Rechtsinstitute herangezogen wurden, erforderten vor allem praktische Rücksichten.[39])

---

[39]) Rücksichten auf Einheitlichkeit der Darstellung.

II. Begriff und Wesen der Zweckerreichung.

A.

I. Kapitel: Vorbegriffe.

Die Obligation. § 4.

Die Obligation beruht auf einem vom objektiven Recht an den Schuldner erlassenen Befehl zu einem Tun oder Unterlassen.[40]) Über ihre begriffliche Definierung herrscht (wie dargelegt) Streit.[41]) Sie kann — hier muss es genügen, die eigene Meinung klargelegt zu haben, — dahin gefasst werden, dass ein „Schuldverhältnis ein unter Privaten bestehendes Sonderrechtsverhältnis ist.“[42—43]) Als Sonderver-

---

[40]) Zitelmann, Internationales Privatrecht II. 2 S. 366.

[41]) Vgl. S. 10 dieses Buches und Windscheid, § 250. — Litten, Die Wahlschuld im deutschen bürgerlichen Rechte (1903), S. 9 Anm. 24, meint, dass keine Einigung in dieser Frage zu erzielen sei, läge im wesentlichen wohl daran, dass bei dem zugrunde liegenden Begriff des Rechtsgeschäftes (und auch des subjektiven Rechts) die Meinungen durchaus divergieren. Ich glaube nicht, dass diese Behauptung Littens zutrifft. Man vgl. nur die Lehrmeinungen von Puchta, Brinz, Hartmann und Bekker und man wird sehen, dass diese Meinungsverschiedenheiten keineswegs aus dem von Litten angeführten Grunde zu erklären sind.

[42]) Litten, a. a. O. S. 9.

[43]) Allerdings trifft diese Definition auch für die Familienrechtsverhältnisse zu. Aber bei der Prinzipaleinteilung der Rechte in „Ver-

bindung unter Privaten zu bestimmtem sozialen Zusammenwirken erstrebt sie (Sollrecht)[44]) auf der einen Seite einen gewissen Erfolg, will sie einem bestimmten Lebensbedürfnis des Gläubigers Befriedigung verschaffen. Auf der andern Seite verbindet sie den Schuldner zu einer Handlung oder Unterlassung, durch welche jener Erfolg herbeigeführt werden soll.

Während im antiken Recht[45]) die letztere Seite der Obligation in den Vordergrund trat, wird im neuen Recht das Anrecht des Gläubigers auf einen bestimmten Erfolg (Vermögensvorteil) besonders betont. Die Leistung des Schuld-

---

bindungs- und Ausschliessungsrechte" (Stammler S. 9 ff., Windscheid § 39 „Persönliche und dingliche Rechte") lassen die Familienrechtsverhältnisse sich begrifflich nicht von den Schuldverhältnissen trennen. So auch Stammler a. a. O., der mit Recht hervorhebt, dass die Trennung beider Institute nur auf wohlberechtigten aber ausserhalb des Begriffes liegenden Zweckmässigkeitsgründen beruhe. — Windscheid a. a. O. stellte als differentia specifica der Familienrechtsverhältnisse auf, dass die Familie nicht nur als rechtliches sondern gleichzeitig als sittliches Verhältnis begriffen werde. Aber das Recht ergreift doch nur die rechtliche Seite des Familienverhältnisses, ohne daneben — charakteristisch ist BGB. § 1588, — die religiöse und sittliche Seite des Verhältnisses zu regeln. Auch beim Familienrecht handelt es sich nur um gesetzlich geregelte Sondervereinigungen einzelner zur Befriedigung gewisser Bedürfnisse. Dass hierbei das Gesetz den tiefen Gehalt der zu befriedigenden Bedürfnisse in höchstem Masse berücksichtigt, spricht nicht gegen unsere Auffassung. Auf der andern Seite sei hervorgehoben, dass auch im Vermögensrechte bei allen Bedürfnisbefriedigungen ein dem Gehalte der Verpflichtungen entsprechendes richtiges Verhalten verlangt wird. Vgl. BGB. § 242, 138. — 904, 226. — 343, 655. — 247, 567, 624, 723 III. — 617, 618, 619. Übereinstimmend Litten, a. a. O. S. 10. Vgl. Kipp bei Windscheid, a. a. O. Note 2. Stammler a. a. O. S. 7—11.

[44]) Zitelmann, Das Recht des Bürgerlichen Gesetzbuches, I. Allg. Teil, S. 23.

[45]) Vgl. Windscheid, § 250 Note 2.

ners ist nur das nächste Mittel, welches dem Gläubiger zu dessen Befriedigung zu Gebote steht.[46])

Nur diese Auffassung vom Wesen der Obligation entspricht der gewaltigen Entwicklung, die das Recht der Schuldverhältnisse in der Neuzeit genommen, wird den Anforderungen und Bedürfnissen des modernen Verkehrs gerecht. Das moderne Obligationenrecht hat die individualistische Richtung des antiken römischen Rechts verworfen. Die Unablöslichkeit der Schuldverhältnisse von ihren Subjekten ist gefallen.[47]) Die Obligation wurde selbständiges Vermögens- und Verkehrsobjekt wie die Sachen.[48—49]) Den stärksten Ausdruck fanden diese neuen, einem ungeahnten Aufschwung im Verkehr sich anpassenden siegreichen Ge-

---

[46]) Dernburg, Priv. II. S. 1 ff. Eccius, I. § 61 S. 341—345. Dernburg, I. § 22 1 b. II. § 1. vgl. auch Kohler, in v. Holtzendorffs Enzyklopädie VI. Aufl. I. S. 669.

In neuester Zeit hat Isay, Schuldverhältnis und Haftungsverhältnis im heutigen Recht, Jherings J. 48 S. 187 ff. die Frage aufgeworfen, ob auch nach heutigem Recht der Unterschied zwischen Schuld und Haftung, wie er im älteren deutschen Recht bis zur Zeit der Rezeption angenommen wurde, gelte. Er bejaht die Frage unter Hinweis auf BGB. §§ 762, 656, 222, 765 II, 1204 II, 1113 II, 1190, BörsG. § 66 u. a. U. E. können diese Ausführungen Isays die von Dernburg, Kohler und Predari (Genaueres bei Isay, a. a. O. S 191) vertretene Auffassung: „Schuld und Haftung sind im modernen Recht zu einem einzigen Ganzen verschmolzen", nicht erschüttern. Die von Isay angeführten Bestimmungen lassen sich vielmehr vom Standpunkte der herrschenden Lehre aus — in Übereinstimmung mit der grundlegenden Bestimmung des § 241 BGB. — leicht erklären.

Sollten aber auch Isays Ausführungen zutreffen, so würden dadurch unsere Ausführungen über Zweckerreichung in keiner Weise berührt. Vgl. auch Isay a. a. O. S. 204 ff.

[47]) Vgl. BGB. §§ 398 ff., 414 ff.

[48]) Charakteristisch BGB. §§ 1068, 1273.

[49]) Vgl. Crome, BR. II. § 138 S. 6, 7.

danken in den Zustandsobligationen,[50]) d. h. Obligationen, bei denen nur der Inhalt genau bestimmt ist, während die Individualität des Subjekts zunächst gleichgültig erscheint und durch einen äusseren Umstand bezeichnet werden kann. Hier fand die Idee, dass die Erreichung der dem Gläubiger aus der Obligation zustehenden Bedürfnisbefriedigung den Inhalt der Obligation bildet, die „Erfüllung" dieser Verpflichtung durch den Schuldner aber nur das nächste und hauptsächlichste Mittel zur Befriedigung des Gläubigers darstellt, beredtesten Ausdruck.[51]) Das „Historisch-Zufällige" der Obligation ist untergegangen, ihr „Unvergängliches" aber blieb erhalten und wurde weiterentwickelt.[52])

---

[50]) Dazu Crome, a. a. O., besonders Anm. 23; Windscheid, § 291, Note 1—3.

[51]) Wie wäre sonst die Aufrechnung (BGB. § 387ff.) als Erlöschensgrund denkbar? Auch hier kommt zum Durchbruch, dass die Erreichung der Bedürfnisbefriedigung des Gläubigers den Inhalt der Obligation bildet; vgl. auch BGB. §§ 399, 812 I Satz 2 . . . oder . . .; vgl. auch BGB. § 267, wonach der Gläubiger selbst trotz Widerspruchs des Schuldners sich von einem dritten erfüllen lassen kann.

[52]) Zunächst scheint es diesen Erörterungen zu widersprechen, wenn gelehrt wird (Planck, BR. II zu § 387 Anm. 1a und Eck, BR. I S. 364), ein dritter könne nicht für den Schuldner analog BGB. § 267 aufrechnen, da doch auch hier die dem Gläubiger geschuldete Bedürfnisbefriedigung erreicht zu sein scheint. Dieses Bedenken aber schwindet bei näherem Zusehen. Die Lage des Gläubigers ist nämlich im Falle der Erfüllung durch den Schuldner oder einen dritten und im Falle der Aufrechnung seitens eines dritten keineswegs identisch. Im ersten Falle erhält der Gläubiger den vereinbarten realen Wert, mit dem er nach Bedürfnis weiterarbeiten kann; im zweiten Falle würde der Gläubiger einen (rein äusserlich betrachtet) gleichen Wert erhalten, aber einen Wert, der nicht so verwertbar ist. Vgl. auch BGB. § 422 II, — keine Besonderheit, sondern aus diesem allgemeinen Grundsatze fliessend. Ähnlich Eck, a. a. O. Anm. 1. Über die Ausnahme von diesem Prinzip vgl. Planck, a. a. O.

Eine allgemeine Bemerkung über die Aufrechnung sei hier noch gestattet. Der vorerwähnte Gesichtspunkt entscheidet auch darüber, ob beim

Man erwäge auch noch folgendes:

Bildet die Bewirkung einer genau bestimmten Leistung den Inhalt der Obligation, so tritt ihr nächster Zweck — die Bewirkung der bestimmten Leistung an den Gläubiger — so stark hervor, dass man zunächst ihren entfernteren, endgültigen Zweck, die Bedürfnisbefriedigung des Gläubigers übersehen könnte. Anders schon in denjenigen Fällen, in denen das Bedürfnis und damit die vom Schuldner zu bewirkenden Leistungen sich nicht von vorneherein im einzelnen abgrenzen und bestimmen lassen. Schliesse ich z. B. mit X. einen Dienstvertrag, durch den ich X. zur Leistung der häuslichen Arbeiten verpflichte, so tritt beim Abschlusse der Obligation ihr letzter Zweck — die Behebung einer Bedürftigkeit beim Gläubiger, — weit deutlicher hervor. Hier

Barkauf oder beim Geldwechseln der Käufer bzw. Wechsler die Forderungen auf den Kaufpreis bzw. auf Erfüllung des Wechselgeschäfts gegen frühere Forderungen gegenüber den Kontrahenten aufrechnen können oder nicht. Wir verneinen diese Möglichkeit, weil es sich um Geschäfte handelt, die Zug um Zug zu erfüllen sind. — Im Streitfalle kommt man dadurch zu einem billigen und den Interessen der Beteiligten entsprechenden Ergebnisse, dass man bei diesen Geschäften einen stillschweigenden Vertrag de non compensando annimmt. Behält dann z. B. der Wechsler A. das ihm von B. zum Wechseln gegebene Goldstück zurück, um sich durch Aufrechnung für frühere Forderungen gegen B. zu befriedigen, so ist seine Handlung unerlaubt. Mithin ist nach BGB. § 393 eine Aufrechnung der gegen B. zustehenden früheren Forderung gegen B.s Forderung aus A.s unerlaubter Handlung nicht möglich. — Weiter, wohl zu weit, ging § 996 des sächs. BGB.s: „Das Versprechen barer Zahlung oder der Zahlung zu einem bestimmten Zwecke enthält einen Verzicht auf das Recht, Forderungen, welche zur Zeit des Versprechens vorhanden und dem Versprechenden bekannt waren, aufzurechnen."

Die Aufrechnung bildet ein typisches Beispiel dafür, wie zwischen allen Rechtsinstituten unmerkliche Übergänge vorhanden sind. So bildet die Aufrechnung die Überleitung von der Erfüllung zur Zweckerreichung. Vgl. auch S. 151 d. Buches.

zeigt sich deutlicher, dass die „Erfüllung" der Obligation durch den Schuldner nicht Zweck, sondern Mittel zum Zweck ist, und zwar das nächste und hauptsächlichste Mittel.[53])

Es erübrigt, nachdem wir unsere Auffassung von dem Wesen der Obligation in aller Kürze dargelegt, noch eine Schwierigkeit zu besprechen, die sich für diese Lehre aus der Terminologie des BGBs. ergibt, — noch vor einem Missverständnis zu warnen, das der zutreffenden Erkenntnis unseres Problems hindernd im Wege stehen könnte. Mit „Schuldverhältnis" pflegt man in der Literatur sowohl den ganzen Komplex von Normen, der mit der Begründung des Schuldverhältnisses zwischen die Parteien tritt,[54—55]) als auch die durch die Verpflichtung auf die Einzelhandlung geschaffene Beziehung, den Einzelanspruch,[56]) zu bezeichnen. Dieser unerfreulichen Terminologie hat sich leider auch das BGB. angeschlossen, obwohl sie nur geeignet ist, die Sachlage zu verdunkeln.[57]) Dieser Fehler konnte um so eher vermieden werden, als das Gesetz neben dem Kunst-

---

[53]) Vgl. S. 46ff. dieses Buches.

[54]) Vgl. Litten, a. a. O. S. 10; Windscheid, § 251 a. E. spricht hier von „zusammengesetzer Forderung (Mehrheit von Forderungen unter einem verbindenden Gesichtspunkte als Einheit gedacht)". Vgl. auch Stammler, S. 215 ff.; Titze, Unmöglichkeit der Leistung, S. 101 ff.; Klein, Aus der Lehre von den Endigungsgründen der Schuldverhältnisse, OestRZ. I. S. 158 ff.; Müller, Die gemischte Schenkung, Jherings J. 48. S. 224.

[55]) Man denke an die Verpflichtung des Vermieters zur Gebrauchsgewährung. Diese Verpflichtung setzt eine Fülle von Einzelhandlungen des Vermieters voraus, zu denen dieser kraft des Schuldverhältnisses verpflichtet ist. (Vgl. Litten, a. a. O. S. 10, Anm. 28.)

[56]) Forderung.

[57]) Vgl. z. B. § 362, wo das BGB. von Erlöschen der Schuldverhältnisse spricht, während in Wahrheit nur der Einzelanspruch durch Erfüllung erlischt.

ausdruck „Schuldverhältnis" die Kunstausdrücke „Forderung"[58]) und „Verpflichtung"[59]) kennt und dementsprechend im § 241 BGB.[60]) den wahren Sachverhalt zum Ausdruck brachte. Weil nun aber das Gesetz diese präzise Terminologie nicht überall durchgeführt hat, sondern neben den genauen Kunstausdrücken Forderung und Verpflichtung auch den ungenauen Kunstausdruck „Schuldverhältnis" gebraucht, muss überall dort, wo der Kunstausdruck „Schuldverhältnis" im BGB. vorkommt, nachgeprüft werden, was er bedeuten soll.

Vor allem aber hat diese ungenaue Terminologie dazu geführt, dass wieder die alte Streitfrage aufgeworfen wurde, ob „Schuldverhältnis im eigentlichen Sinne" nur der Einzelanspruch sei, das Wort „Schuldverhältnis" bei den zusammengesetzten Obligationen dagegen nur eine terminologische Zusammenfassung der einzelnen Forderungen sei, oder aber, ob Schuldverhältnis hier etwas anderes bedeute als eine Summe von Einzelforderungen, was am klarsten

---

[58]) Vgl. BGB. §§ 232, 236, 238, 387 ff., 398 ff., 437, 438, 1074, 1180, 1279, 1524, 1807, 2111, 2129, 2173, 2175, — 1467, 1487, 1541.

Dass es auch Schuldverhältnisse gibt, bei denen sich der den Schuldner zum „Verhalten" verpflichtende Rechtsbefehl nur auf ein einzelnes Tun oder Unterlassen bezieht, glaube ich in Übereinstimmung mit Windscheid, § 252 Ende, gegen Stammler, S. 215 und Litten, a. a. O. S. 10 nachgewiesen zu haben. Vgl. OestRZ. S. 159. Diese Fälle sind nicht einmal selten. — Im Einzelfalle mag es zweifelhaft sein, ob das zu leistende „Tun" als einzelne Handlung aufzufassen ist oder nicht; wertvolle Hilfe kann hier die Strafrechtswissenschaft mit ihrer Abgrenzung von Handlungseinheit und -mehrheit gewähren.

[59]) Daneben finden sich noch die Kunstausdrücke „Schuld" „Verbindlichkeit" u. a. Die Terminologie ist höchst verwirrend.

[60]) „Kraft" des Schuldverhältnisses besteht mindestens der Anspruch auf eine Leistung, Schollmeyer, BR. S. 2; Litten, a. a. O. S. 11, Anm. 30.

daraus erhelle, dass einmal aus einem Schuldverhältnisse neben Ansprüchen auch solche subjektiven Rechte resultieren können, die keine Ansprüche sind,[61]) und anderseits das Schuldverhältnis z. B. vom Erlöschen der Einzelansprüche als etwas durchaus Selbständiges unberührt bleibt.[62])

Wir erörtern diese Schwierigkeit bereits hier eingehend, weil die Lehre vom Untergang der Obligation durch Zweckerreichung die Beantwortung der Fragen:

1. Wonach grenzen sich bei den zusammengesetzten Obligationen die einzelnen Forderungen gegen einander ab, in welcher Synthese werden sie also zu einheitlichen Rechtsbegriffen zusammengezogen, und
2. welchen Einfluss übt die Zusammenziehung der einzelnen Forderungen zur zusammengesetzten Obligation auf die einzelnen Forderungen aus?

voraussetzt.

Die Synthese der Einzelforderungen in der Obligation. § 5.

Bekanntlich ist diese schwierige Lehre in der Literatur noch nicht abschliessend geregelt.[63]) Wertvolle Gesichtspunkte für die Lösung dieser Frage finden sich bei Wind-

---

[61]) Recht auf „Rücktritt", „Kündigung."

[62]) Daher bei zusammengesetzten Obligationen der Unterschied zwischen Erlöschensgründen von Einzelforderungen und Endigungsgründen der Obligationen als solcher. Näheres darüber in meiner Abhandlung in der ÖstRZ. I. S. 158 ff.

[63]) Vgl. Litten, a. a. O. S. 11, besonders Anm. 32.

scheid,[64]) Mitteis,[65]) Schanze[66]) und Stampe.[67]) Auch die Abhandlung des Verfassers in der ÖstRZ. beschäftigte sich mit dieser Lehre. Litten[63]) meint, die übliche Methode, den selbständigen Organismus der zusammengesetzten Obligation, diese wesentliche Einheit, zu zergliedern, sei der Einsicht in das Wesen der Schuldverhältnisse nicht förderlich, sondern nur hinderlich. Es sei verkehrt, die dadurch, dass Private sich zur Befriedigung eines bestimmten Bedürfnisses rechtlich verbunden haben, geschaffene rechtliche Beziehung in mehrere Einzelbeziehungen zu zerteilen und nunmehr den Beweis zu erwarten, dass sie gleichwohl zusammengehören. — Aber tut dies die herrschende Methode, wenn sie die Obligation in Einzelforderungen zerlegt? Treibt sie solche Eulenspiegelarbeit? Oder was bezweckt sie mit der Zerlegung der Obligation?

Einmal verlangt eine systematische Würdigung der zusammengesetzten Obligation speziell des Inhaltes der zusammengesetzten Obligationen, dass uns ein einheitlicher Massstab zur Ausmessung der verschiedenen zusammengesetzten Obligationen zur Verfügung steht, und dieser Massstab ist die Einzelforderung.

Anderseits müssen wir auch für die Praxis die Obligation zerlegen können, um in ihr Wesen Einblick zu gewinnen, um sie in die in ihr enthaltenen Werte auflösen zu können. Aber darum brauchen wir die Ursache der Wirkungen, die wir feststellen und ausmessen wollen, die verbindende Kraft der allumfassenden zusammengesetzten

---

[64]) Windscheid, § 93, Note 1.

[65]) Mitteis, Die Individualisierung der Obligation, 1886.

[66]) Schanze, Alimentationsanspruch, ArchCivPrax. 69. n. 5.

[67]) Stampe, Das Causa-Problem des Zivilrechts, eine rechtspolitische Studie am § 365 BGB. (1904), S. 24 ff.

Obligation nicht zu übersehen, brauchen wir uns nicht der Erkenntnis zu verschliessen, dass die „Gesamtobligation der Selbständigkeit der Einzelansprüche in einer oder der anderen Richtung Abbruch tut und Erscheinungen mit sich bringt, welche sich aus dem Bestande der Einzelansprüche in ihrer Getrenntheit nicht erklären lassen".[68—69])

Zum Ausgangspunkte unserer Erörterung über die Synthese der zusammengesetzten Obligation, unserer biologischen Untersuchung des zusammengesetzten Schuldverhältnisses wählen wir Schanzes oben erwähnte Abhandlung. Schanze behandelt hier die zwei im Begriffe des Alimentationsanspruchs enthaltenen Obligationsarten, die Verpflichtung zur eigentlichen Alimentation und die Verpflichtung zu einer fixierten Leistung zum Zwecke der Alimentation.[70—71]) Hier kommen nur die Ausführungen über die eigentliche Alimentation in Betracht. Sie lauten:

> „Inhalt der Alimentationspflicht ist die Fürsorge für die Unterhaltung des Berechtigten. Sie geht nicht auf eine im voraus bestimmte einfache Leistung, sondern bezweckt Befriedigung einer

---

[68]) Mitteis, a. a. O. S. 23 ff.; Gesamtobligation = zusammengesetzte Obligation.

[69]) Ergibt doch eine chemische Analyse, um ein naheliegendes Beispiel zu gebrauchen, nicht die Kraft, die in dem analysierten Körper vorhanden ist, sondern nur die einzelnen Stoffe, welche den Körper aufbauen. Man muss scharf unterscheiden zwischen einer Analyse der Obligation und einer biologischen Untersuchung der Obligation. — Prüft man in diesem Sinne die angegriffenen Ausführungen Windscheids nach, so wird man finden, dass sie als Analyse — und mehr wollen sie nicht sein — korrekt sind.

[70]) Schanze, a. a. O. S. 243 ff., vgl. auch S. 61 ff. dieses Buches.

[71]) Windscheid, § 474; genaue Literaturangaben bei Rappaport, a. a. O. S. 178 Anm. 1.

> Menge verschiedenartiger und wechselvoller Bedürfnisse. Der Schuldner ist verpflichtet, dafür Sorge zu tragen, dahin zu wirken, dass dem Berechtigten an nichts gebricht, was zu seines Leibes bzw. Geistes Nahrung und Notdurft gehört . . ."[72])

In diesen Ausführungen ist bereits das Prinzip der Synthese, in der die Einzelforderungen zum Schuldverhältnisse zusammengezogen werden, in nuce gegeben.

Unsere Wirtschaftsordnung erfordert im Interesse geordneter Einzelwirtschaften und eines sich ohne Stockung abwickelnden Verkehrs, dass die dem Alimentationsberechtigten unentbehrlichen Leistungen seitens des Alimentationspflichtigen dauernd gesichert sind. Diesem Bedürfnisse unserer Sozialwirtschaft passt sich die Rechtsordnung dadurch an, dass sie dort, wo der anzustrebende (einheitlich gedachte) Erfolg im Wirtschaftsleben kompliziert ist, z. B. eine Reihe von Handlungen des Schuldners voraussetzt, einerseits den Gedanken an den Gesamtzweck durch die una obligatio[73]) in den Vordergrund stellt, anderseits aber diesen Gesamtzweck, diese una obligatio dadurch gliedert und spezialisiert, dass sie den einzelnen vorzunehmenden Handlungen entsprechende Einzelforderungen gewährt.

Damit wird zweifaches erreicht:

Die Einzelforderungen im zusammengesetzten Schuldverhältnisse wirken dahin, dass das psychologische Moment, das den Schuldner zur Befriedigung des Gläubigers bestimmt, in jedem Augenblick in gleicher Stärke wirksam ist, dass die Obligation die notwendige Leichtigkeit und Ver-

---

[72]) Vgl. Hartmann S. 151 ff.

[73]) Vgl. Gaius IV, § 131: futurorum autem annorum sane quidem obligatio contracta intellegitur.

wertbarkeit (Zedierbarkeit der einzelnen Forderung!) erhält, — kurz gesagt, dass die Obligation in jedem Augenblick ihrer Aufgabe im Rechtsleben gerecht werden kann.

Durch die una obligatio, in die alle die Einzelforderungen zusammengezogen sind,[74]) soll einmal die Möglichkeit geboten sein, einen bestimmten rechtlichen Erfolg durch den einfachen Abschluss eines Rechtsgeschäfts oder durch Geltendmachung gesetzlich gewährter zusammengesetzter Obligationen sich zu sichern. Anderseits ist die una obligatio das Mass für Gläubigerrecht und Schuldnerpflicht.

Wie auf den meisten Gebieten des Zivilrechts, so sind auch hier längst feste Formen gefunden, durch die die Bedürfnisbefriedigung des Gläubigers gesichert und der Gesamtzweck der una obligatio erreicht wird, längst die Typen der zusammengesetzten Obligation ausgeprägt.

Doch bevor wir uns mit der Theorie über diese Frage auseinandersetzen, sei noch auf einen andern Gesichtspunkt, der für die Zusammenziehung der Einzelforderungen zur una obligatio massgebend ist, hingewiesen.

Soll die Bedürfnisbefriedigung durch die una obligatio ihre ganze Wirkung erzielen, der Gesamtzweck, der in der una obligatio angestrebt wird, erreicht werden, so muss der Wert der una obligatio bis zu ihrem Untergang gegen Wertverringerung[75]) geschützt sein. Der Befriedigung dieses Bedürfnisses dienen eine Reihe von Instituten. Überall, wo der Schuldner gewährleisten muss, wo aus seinem Verzuge, aus positiver Vertragsverletzung Einzel-

---

[74]) „Zusammengezogen" vom Standpunkte der vorgenommenen Analyse.

[75]) Wertverringerung! — d. h. es muss dafür gesorgt werden, dass die Bedürfnisbefriedigung des Gläubigers ganz erreicht wird. Soweit diese bereits durch Leistung erzielt ist, geht die Obligation selbstverständlich zugrunde. Aber darin liegt keine Wertminderung!

forderungen entstehen, handelt es sich um Forderungen, die sich, — um ein Bild zu gebrauchen — abzweigen, um die Werterhaltung der Obligation zu erzielen. Hier bildet das Prinzip der Werterhaltung den Gesichtspunkt, der für die Zusammenziehung der Einzelforderungen zur una obligatio massgebend ist.[76])

So einleuchtend aber diese Ausführungen erscheinen mögen, sie müssen gegen einen schwerwiegenden Einwand verteidigt werden, den Mitteis in seiner feinsinnigen Erörterung über die „Individualisierung der Obligation" gegen die Sonderexistenz der una obligatio neben den Einzelobligationen erhoben hat.

Mitteis führt a. a. O. S. 28 ff. folgendes aus:

„Als völlig sicher und unbedenklich erscheint dagegen die an die Spitze dieses Absatzes gestellte Behauptung, dass man die einzelnen Anspruchsglieder, aus welchen die mehrverzweigte Obligation besteht, an sich als völlig fertige Obligationsindividuen betrachten kann. Geht man hiervon aus, so erscheint die Zusammenfassung der Einzelobligationen zu einer einzigen Obligation als ein, man könnte beinahe sagen, künstliches Institut, und die Annahme einer wahren Einheit dieser mehreren Obligationen schon durch den logischen Satz vom Widerspruche ausgeschlossen. Und dann braucht man sich nur noch gegenwärtig zu halten, dass es hier, wie in den Dingen des Rechtes überhaupt, keine absolute Notwendigkeit des So- und Nichtandersseins, keine unverrückbar feststehenden Begriffe, aus denen sich irgend etwas herauskonstruieren liesse, geben wird, sondern dass diese Dinge eben so sind, wie man sie macht und dass man sie hätte auch anders machen können — und man ist sofort bei der richtigen Erkenntnis angelangt, wonach die so-

[76]) Vgl. darüber meine Abhandlung in der ÖstRZ. I. S. 158 ff.

genannte Einheit mehrgliedriger Obligationen nichts anders ist, als eine aus rein praktischen Gründen erfolgende teilweise Zusammenfassung und einheitliche Behandlung der hier vorliegenden Einzelansprüche . . .

Ähnlich wie bei den sogenannten Sachgesamtheiten dadurch, dass man Verfügungen, Klagen usw. en bloc geschehen und gelten lässt, obwohl sie sich in Wahrheit immer nur auf die einzelnen Sachindividuen beziehen, der Schein eines neuen reellen Sachindividuums höherer Potenz erzeugt wird, wird auch bei den unifizierten Obligationsmehrheiten — freilich aus teilweisen anderen Gründen und in anderer Richtung — eine Gesamtobligation erst durch die gemeinsame Behandlung der Einzelansprüche für den äussern Anschein geschaffen, wobei allerdings gleich hervorzuheben ist, dass dieses Gleichnis in vielen Beziehungen und namentlich deshalb ein hinkendes ist, weil dort die ungetrennte Behandlung regelmässig bloss eine Folge des von der Rechtsordnung nur anerkannten Parteiwillens ist, während hier geradezu objektive Rechtssätze eine solche vorschreiben.

Liegt nun in diesem Sinne eine mehrgliedrige Obligationseinheit, ein Obligationsindividuum höherer Potenz vor, so kommt es für uns natürlich nicht mehr auf eine begriffliche Untersuchung desselben, sondern nur darauf noch an, in jedem einzelnen Falle klar zu erkennen, warum die römischen Juristen es so und nicht anders gemacht haben, welche Tragweite die von ihnen statuierte Zusammenfassung der Einzelansprüche jeweils besitzt und ob wir an ihre Feststellungen auch jetzt noch gebunden sind, und wenn nicht, wie wir uns die Dinge besser zurecht legen können."

Auf S. 34 a. a. O. führt Mitteis aus:

„So kann e. g. die Rentenobligation als solche aufgehoben werden, die einzelnen fälligen Ansprüche mögen aber dabei bestehen bleiben usf., worin sich deutlich zeigt, dass die una obligatio keine reelle Existenz, sondern nur der konstruktive Behelf zur Begründung eines ganz speziellen Rechtssatzes sein kann."

Auf S. 35 a. a. O. lehrt er:

„In Wahrheit ist dieses Gesamtrecht nichts ausser den Einzelrechten abgesondert existierendes, sondern lediglich die Summe der unter dem Gesichtspunkt der gemeinsamen Verjährung zusammengefassten Einzelobligationen — ein vollständiges Analogon zu der bloss imaginären Existenz der Gesamtsachen."

Wir glauben nicht, dass Mitteis, dessen namhafte Verdienste um die Lehre von der Individualisierung der Obligation wir in keiner Weise geschmälert wissen möchten, mit dieser Lösung des Problems allseitig befriedigen wird. Seine Untersuchung ist eine (nicht ganz vollständige) Analyse der una obligatio,[77]) keine biologische Erforschung.[78])

---

[77]) Wir möchten schon an dieser Stelle darauf hinweisen, dass, wie auch Litten a. a. O., S. 11 richtig hervorhebt, die una obligatio bei einer Zerlegung mit dem Quotienten Forderung nicht restlos in Einzelforderungen aufgeht.

[78]) Mitteis hat als Beispiel der una obligatio die Rentenobligation gewählt. Was aber für die Rentenobligation gilt, gilt für alle zusammengesetzten Obligationen. Dass hier bereits von vornherein die einzelnen durch Zahlung der Renten zu erfüllenden Forderungen bestimmt sind, ist nur ein zufälliges unwesentliches Moment. Es sind ja auch andere ähnliche zusammengesetzte Obligationen mit ziemlich genau präzisierten Einzelforderungen möglich. Z. B. Ich engagiere jemanden zur Strassenreinigung. Hier sind bereits beim Abschlusse des Werkvertrags — der una obligatio — die Einzelforderungen (allerdings nicht ganz so scharf wie bei der Rentenobligation) genauer bestimmt. Aber auf diese Genauigkeit bei der Feststellung der Einzelforderungen beim Abschlusse der una obligatio kommt es, wie wir später noch ausführen werden, in keiner Weise an. Vgl. auch Mitteis, a. a. O. S. 23/24.

Der erste Grund, aus dem Mitteis die Zusammenfassung der völlig fertigen selbständigen Obligationsindividuen zu der una obligatio verwirft, ist der, dass durch den logischen Satz vom Widerspruche die Annahme einer wahren Einheit dieser mehreren Obligationen ausgeschlossen sei. Dieser Satz enthält u. E. einen Trugschluss. Würde behauptet, durch die Zusammenziehung der völlig fertigen selbständigen Forderungsindividuen entstehe eine einzige Forderung, so wäre der Einwand von Mitteis gerechtfertigt. Aber dass durch die Zusammenziehung der Forderungen zur Obligation[79]) eine neue Einheit — Mitteis selbst spricht von einer mehrgliedrigen Obligationseinheit, einem Obligationsindividuum höherer Potenz — entstehe, ist nicht unlogisch.[80])

Ebensowenig leuchtet ein, wenn Mitteis ausführt, die ganze Frage nach der sogenannten Einheit mehrgliedriger Obligationen sei gelöst mit der Erkenntnis, dass die sogenannte Einheit mehrgliedriger Obligationen nichts anders sei als eine aus praktischen Gründen erfolgende teilweise Zusammenfassung und einheitliche Behandlung der hier vorliegenden Einzelansprüche.

Denn dass die Synthese dieser zusammengesetzten Schuldverhältnisse durch die Mitteisschen Ausführungen nicht aufgeklärt ist, dürfte wohl unschwer zu beweisen sein. Selbst wenn die sämtlichen praktischen Gründe, die zahl-

---

[79]) Noch ein naheliegendes Beispiel aus der Vermögenszuwendungslehre sei herangezogen: A. schenkt dem B. tausend Mk. condicionis implendae causa. Hier werden die kausale Vermögenszuwendung: Schenkung (Leistung) und die rechtsgeschäftliche causa condicionis implendae zum einheitlichen Vermögenszuwendungs-Rechtsgeschäfte zusammengezogen.

[80]) Die unheilvolle unklare Terminologie, die Forderung und zusammengesetztes Schuldverhältnis gleich bezeichnet, wirkte hier verwirrend.

reichen, veränderlichen, sich gegenseitig ergänzenden Motive, die zur Zusammenfassung und einheitlichen Behandlung der Einzelansprüche bei der Gesetzgebung geführt haben, festständen, so wäre damit doch nur der Ausgangspunkt der gesetzgeberischen Tätigkeit, nicht aber deren Ergebnis klargestellt. Es bleiben also immer die Fragen: „Wieweit reicht die Zusammenfassung und einheitliche Behandlung der Einzelansprüche? Liegt nur eine terminologische Zusammenfassung vor, oder handelt es sich um ein Obligationsindividuum höherer Potenz?" — offen.[81])

Die Mitteissche Behauptung, die una obligatio habe keine reelle[82]) Existenz sondern sei nur der konstruktive

---

[81]) Richtig spricht das BGB. von „einzelnen Schuldverhältnissen."

[82]) Damit soll selbstverständlich nicht behauptet werden, dass die una obligatio ein an sich existierendes Ding sei. Vgl. dazu Windscheid § 64 Note 1; Schlossmann, Der Vertrag S. 270 ff.; Zitelmann, Irrtum und Rechtsgeschäft, S. 200; Fischer, Das Problem der Identität und Neuheit, S. 24; Brodmann, Vom Stoffe des Rechts und seiner Struktur. Das Recht im Prozess, S. 63 ff.

Das ganze objektive Recht ist eine rein geistige Schöpfung von uns. Die erste Form seines empirischen Auftretens ist die der Norm. Diese erste Form ist aber zu schwerfällig und bedarf der begrifflichen Fortbildung, die dadurch geschieht, dass wir den in den Normen enthaltenen Stoff in andere Formen giessen, d. h. dass wir auf ihn dieselben logischen Normen anwenden, in denen wir die sinnliche Welt erfassen. Den Stoff der sinnlichen Welt bewältigen wir aber dadurch, dass wir einmal nach Raum und Zeit die Erscheinungen individualisieren, und sodann durch die Kategorie der Kausalität dieselben wieder verknüpfen. Dementsprechend wurde der in der Normform noch sich befindliche Rechtsstoff dadurch weiter entwickelt, dass das Recht individualisiert und dann die einzelnen konkreten als Dinge gedachten Rechte wieder durch die Kategorie der Kausalität verknüpft wurden. Weil bei diesen Denkformen das Recht als realexistierendes, kausiertes und wirkendes Ding behandelt wird, so sind wir nach unsern Denkgesetzen ge-

Behelf zur Begründung ganz spezieller Rechtssätze, ist in sich unrichtig. Hat nämlich die una obligatio keine reelle Existenz, so hat sie eben keine Existenz und kann folglich auch nicht Konstruktionsbehelf sein.[83])

Ungleich wichtiger aber sind die Gründe, welche sich aus dem positiven Recht[84]) und aus dem Wesen der zusammengesetzten Obligation gegen die heute noch weitverbreitete Mitteissche Auffassung geltend machen lassen.

BGB. § 241 bestimmt:

> „Kraft des Schuldverhältnisses ist der Gläubiger berechtigt, von dem Schuldner eine Leistung zu fordern."

In dieser für das ganze Obligationenrecht grundlegenden Bestimmung kommt für die zusammengesetzten Obligationen das Kausalverhältnis zwischen dem zusammengesetzten Schuldverhältnis und der Einzelforderung klar zum Ausdruck.

Aber — wird man vielleicht einwenden — das Gesetz hat für die wissenschaftliche Lösung eines Problems nur die Bedeutung einer Lehrmeinung. — Gibt das Gesetz eine dem Wesen der zusammengesetzten Obligation gerecht werdende Antwort auf unsere Frage?

---

zwungen, die Möglichkeit, dass etwas, dessen Existenz wir in unserer Vorstellung negieren, als Konstruktionsmittel wirksam werden könne, zu verneinen. (Vgl. besonders Zitelmann, a. a. O. S. 200—203, dem diese Gedanken grösstenteils entnommen wurden.)

[83]) Die Parallele der Obligationseinheit mit der Gesamtsache, welche Mitteis a. a. O. zieht, wirkt u. E. nur verwirrend.

[84]) Das heutige Recht stimmt hierin mit dem römischen Recht überein. Vgl. auch Schollmeyer, BR. S. 2. Ein näheres Eingehen auf das römische Recht musste, als zu weit abseits führend, unterbleiben.

Diese Frage eingehend zu erörtern schien mir selbst auf die Gefahr allzu langen Verweilens bei dieser Lehre von Interesse.

Der Zweck, den die Beteiligten beim Abschlusse eines Dienstvertrags, Werkvertrags, Auftrags, bei der Verwahrung, bei Miete und Pacht verfolgen, ist die permanente Möglichkeit für den Gläubiger, die durch den Geschäftstypus bestimmten und begrenzten Bedürfnisse zu befriedigen, die permanente Verpflichtung des Schuldners, sich dementsprechend zu verhalten und die geschuldeten Leistungen zu bewirken. Diese permanente Möglichkeit der Bedürfnisbefriedigung ist aber für den Gläubiger nur dann vollkommen vorhanden, wenn die abgeschlossenen Schuldverhältnisse nicht bloss eine teilweise Zusammenstellung von Einzelforderungen bedeuten, sondern eine wahre Einheit sind.

Die Bedürfnisse nämlich, die durch den Abschluss des Dienstvertrags, der Miete usw. gestillt werden sollen, bilden eine Totalität, die man zwar bei einer begrifflichen Untersuchung zerlegen kann, bei der man aber nie vergessen darf, dass sie eine Totalität ist, dass die zu stillenden Bedürfnisse, weil sie wesentlich miteinander verknüpft sind, im Leben mit Recht als Einheit aufgefasst werden. Vermietet z. B. A. dem B. ein Haus, so ist A. aus dem Mietvertrage verpflichtet, dem B. die Mietsache zu übergeben, die Mietsache instandzuhalten, Störungen abzuwenden usw. Wesensinhalt, Endziel, einheitlicher Zweck aller dieser Einzelforderungen ist, dass der Gebrauch der Mietsache, genauer die hierdurch dem Mieter als Gläubiger gewährte Bedürfnisstillung ungemindert prästiert werde.

Mit Recht lehrt man heute allgemein, die Obligation werde durch ihren Entstehungsgrund individualisiert.[85]) Dies gilt sowohl für die einzelne Forderung als für die Obligationsgesamtheit. Alle Einzelforderungen der zusammengesetzten Obligation weisen ein bestimmtes Charakteristikum, eine bestimmte Gleichmässigkeit,[86]) eine besondere Fähigkeit sich gegenseitig zu ergänzen auf, sie wollen in ihrer Gesamtheit die dem Gläubiger geschuldete Bedürfnisbefriedigung erzielen. Löst man aus verschiedenen zusammengesetzten Schuldverhältnissen einzelne Forderungen heraus, so mag es in manchen Fällen zunächst scheinen, als ob sie denselben Leistungsinhalt hätten.

z. B. A. gibt seinem Diener den Auftrag (Auftrag im Dienstvertrage!) für ihn eine Sache zu kaufen.

oder

A. beauftragt seinen Freund C. (Auftrag!) dieselbe Sache zu kaufen.

Hier ist die dem Gläubiger in beiden Fällen geschuldete Bedürfnisbefriedigung gleich, die Forderungen aber, welche auf diese Bedürfnisbefriedigung des A. hinwirken, unterscheiden sich durch bestimmte Charakteristiken. Diese Eigentümlichkeiten können nur in der Einheit des zusammengesetzten Schuldverhältnisses, aus dem die Einzelforderungen fliessen, begründet sein.[87])

Weiterhin spricht für die wahre Einheit des zusammengesetzten Schuldverhältnisses die gesetzliche Regelung des

---

[85]) Vgl. Mitteis, a. a. O. S. 5, 8, 19; Litten, a. a. O. S. 12 Anm. 34; Hartmann, S. 153 ff.

[86]) Sie zeigt sich sehr deutlich bei der Frage nach der Culpa-Haftung.

[87]) Wie weit die Wirkung der zusammengesetzten Obligationen reicht, zeigt sich noch an folgendem: Verlangt der Hinterleger vom Verwahrer die übergebene bewegliche Sache mit der ihm neben dem obligatorischen Anspruch aus dem Verwahrungsvertrage zustehenden vindicatio, so nimmt der dingliche Anspruch den Inhalt des obligatorischen Anspruchs aus BGB. § 695 in sich auf. Der Hinterleger kann nicht mit der vindicatio sich aus

Rücktritts, Verzugs, der positiven Vertragsverletzung, qualitativ und quantitativ teilweisen Unmöglichkeit usw. bei zusammengesetzten Obligationen. Hier wird die wahre rechtliche Einheit der mehrgliedrigen Obligationseinheit als selbstverständlich vorausgesetzt und dementsprechend beurteilt, ob und inwieweit z. B. die teilweise Erfüllung einzelner Forderungen der zusammengesetzten Obligation bei verschuldeter Unmöglichkeit (BGB. § 280 II) von Interesse ist u. dgl.

Nur noch ein Gesichtspunkt, der, wie ich glaube, bei der Beantwortung unserer Frage mehr berücksichtigt werden müsste, sei hier hervorgehoben.

Beim Dienstvertrage handelt es sich — wie Dernburg so zutreffend ausführt,[88]) — nicht bloss wie beim Arbeitsvertrage um Bewirkung vertragsmässiger Arbeit, der Dienstvertrag begründet vielmehr weiterhin eine rechtlich anerkannte persönliche Beziehung zwischen dem Dienstberechtigten und Dienstschuldner — Treuepflicht und Fürsorgepflicht. Gerade hier zeigt sich die stärkste Wirkung der Einheit bei den zusammengesetzten Schuldverhältnissen. Weil der Gesetzgeber die ganzen Bedürfnisse, die durch die zu leistenden Dienste gestillt werden sollen, die ganzen Leistungen des Dienstschuldners in der Wirtschaft des Dienstberechtigten als einen Wert auffasste, weil er die grosse Tragweite des Dienstverhältnisses im Wirtschaftsleben entsprechend würdigte, erkannte er, von dem Gedanken geleitet, es handle sich hier um eine längerdauernde Bedürfnisstillung, darüber hinausragende persönliche Wirkungen zwischen den Beteiligten an.

---

dem Verwahrungsverhältnisse herausziehen und so die Ansprüche des Verwahrers aus § 693 BGB. umgehen. Diese Wirkung ist aber nur bei einer Einheit des Rechtsverhältnisses der Verwahrung möglich.

[88]) Dernburg, BR. II 2 § 306.

Prüft man in dieser Richtung die vom Gesetz geregelten Typen von zusammengesetzten Obligationen nach, so wird man finden, dass es sich bei ihnen nicht um eine aus rein praktischen Gründen erfolgende teilweise Zusammenfassung und einheitliche Behandlung der vorliegenden Einzelansprüche, sondern um eine wirkliche Einheit, die die Ursache der Einzelansprüche ist, handelt. Dabei wird ohne weiteres zugegeben, dass die Obligationseinheiten der positiven Rechtsordnung nicht absolute, unverrückbar feststehende Begriffe sind, — aber man würde Wesen und Bedeutung dieser Formen verkennen, wollte man sie lediglich als terminologische Zusammenfassungen werten.

Aber damit ist nur die Struktur des zusammengesetzten Schuldverhältnisses erklärt.[89])

Wie wickelt sich das zusammengesetzte Schuldverhältnis in seinen Einzelforderungen ab?

Diese Lehre sei an folgendem Beispiel beleuchtet:

> X. schliesst mit Y. einen Dienstvertrag. Durch diesen Vertrag ist Y. gehalten, bei X. die häuslichen Arbeiten zu verrichten.

Mit dieser Dienstberedung (dem Abschlusse des zusammengesetzten Schuldverhältnisses) sind nur die Umrisse der Verpflichtungen des X. gezeichnet. Über die einzelnen in Zukunft zu erfüllenden Forderungen, die sich aus dem Dienstvertrage zweigen, kann niemals beim Abschlusse der Obligation absolute Klarheit herrschen. Trotzdem entstehen diese Forderungen, weil beim Abschlusse der Obligation die gesetzlich gebilligte Bedürfnisbefriedigung gewollt

---

[89]) Vgl. S. 28 dieses Buches!

war, weil, wenn auch nur unvollkommen deutliche, so doch rechtlich relevante Vorstellungen von den Rechtsfolgen des Vertrages vorhanden waren.[90])

Wie wickelt sich nun das zusammengesetzte Schuldverhältnis des Dienstvertrages ab?

X. erteilt Y. den Auftrag, Waren zu holen.

Dieser Auftrag[91]) wirkt[92]) spezialisierend. Von den vielen aus dem Dienstvertrage, der die Befriedigung einer Menge verschiedener und wechselvoller Bedürfnisse anstrebt, dem X. zustehenden Möglichkeiten, Dienste anzuordnen, wird eine durch den Auftrag des X. Wirklichkeit. Durch seinen Auftrag entsteht auf der Grundlage des Schuldverhältnisses eine Einzelforderung. Ebensogut kann selbstverständlich eine Handlung des Schuldners,[93]) — können logische und alogische Faktoren, Dinge, die ausserhalb des menschlichen Denkens und Vorsehens liegen und durch unsern Willen und unsere Zwecke nicht bestimmt werden, — spezialisierend wirken.

Beispiele:

Auf Grund des Miet-Schuldverhältnisses zweigen sich in bestimmten Zeiträumen Einzelforderungen auf die fällig gewordene Mietrate ab;

oder,

X. gibt Y. sein kostbares Reitpferd zur Verwahrung gegen Entgelt. Die Stallung des Y. steht in der Nähe eines Baches. Durch ein furchtbares Unwetter ist der Bach bedrohlich angeschwollen. Auf Grund

---

[90]) Vgl. Zitelmann, BR. I S. 89; Klein, ÖstRZ. I S. 158 ff.

[91]) Auftrag im weiteren, nicht technischen (BGB. §§ 662 ff.) Sinne.

[92]) Durch den Auftrag entsteht auf Grund des allgemeinen Schuldverhältnisses (Dienstvertrag) der einzelne Anspruch.

[93]) Vgl. BGB. § 665.

des entgeltlichen Verwahrungsvertrags entsteht infolge dieses Ereignisses für Y. die Verpflichtung, das Pferd anderswo unterzubringen.

Die Einzelforderung ist entstanden. Was macht ihr Wesen aus? Welchen Entwicklungsgang nimmt sie? — Wir können uns hier mit Rücksicht auf unsere früheren Ausführungen[94]) kurz fassen. Auf der Grundlage der zusammengesetzten Obligation (durch die die Gesamtwirkung der Obligation, ihr Erfolg beredet und festgelegt wird) entstanden ist sie der zusammengesetzten Obligation analog zu behandeln. Das zusammengesetzte Schuldverhältnis ist für den Inhalt und Umfang der Einzelforderungen vorbildlich und massgebend. Die Einzelforderungen teilen in manchen Beziehungen das Schicksal der zusammengesetzten Obligation, aber anderseits führen sie als Einzelforderungen in der Obligationseinheit eine selbständige Existenz.

Endigungsgründe der Obligationen (der Einzelforderungen und zusammengesetzten Obligationen). § 6.

Dem Zwecke dieses Buches entsprechend galt es auf Grund der gewonnenen Ergebnisse die Endigungsgründe der Schuldverhältnisse näher nachzuprüfen und also die Lehre vom Untergang der Obligation durch Zweckerreichung genauer abzugrenzen.

Kaum an einer Stelle im Recht der Schuldverhältnisse äussern sich die unerfreulichen Folgen aus der Mehrdeutig-

---

[94]) Vgl. S. 32 ff. dieses Buches.

keit des Kunstausdrucks „„Schuldverhältnis" so stark wie bei dem „Erlöschen der Schuldverhältnisse".

Das Gesetz spricht vom „Erlöschen der Schuldverhältnisse". Abschliessend und klar geregelt sind aber in dieser Beziehung nur solche Schuldverhältnisse, die nur eine Forderung sind und die Einzelforderungen in den zusammengesetzten Obligationen. Sie erlöschen durch

Erfüllung,
Leistung an Erfüllungsstatt (Besonderheit BGB. § 787 I),
Novation,
Hinterlegung,
Aufrechnung,
Erlass,
Unmöglichkeit der Leistung,
Eintritt der auflösenden Bedingung,
Eintritt des Endtermins,
Rücktritt vom Vertrage,
Tod des Gläubigers bei rein persönlichen Forderungen und Leistungen,
Tod des Schuldners, } in den gesetzlich geregelten
Konkurs, } Fällen,
contrarius consensus,
Zweckerreichung,
Mangel eines Interesses für den Gläubiger.

Die Fragen aber, ob durch diese Bestimmungen auch die Fälle des Erlöschens zusammengesetzter Forderungen, deren Erlöschensgründe sich mit den Erlöschensgründen der Einzelforderungen decken, geregelt sind,

und ob neben diesen Erlöschensgründen noch besondere Endigungsgründe der zusammengesetzten Forderungen vorkommen, sind im Gesetzbuch nicht klar genug beantwortet worden.

I. Welche von den oben aufgeführten Erlöschensgründen bewirken sowohl das Erlöschen von Einzelforderungen als auch das Erlöschen der zusammengesetzten Obligationen?

Dass „Erfüllung", „Leistung an Erfüllungsstatt" (Besonderheit BGB. § 787 I) und „Novation" nur Erlöschensgründe von „Einzelforderungen" sind, steht heute[95]) in der Literatur[96]) fest.[97])

Bei der Aufrechnung kann nach dem Wortlaut des Gesetzes: „Jeder Teil kann seine Forderung gegen die Forderung des anderen Teiles aufrechnen" (BGB. § 387) — kein Zweifel bestehen, dass sie Erlöschensgrund von einzelnen Forderungen ist.

---

[95]) A. A. z. B. Hartmann, a. a. O. S. 46 ff.

[96]) Stammler, S. 215 ff.; Klein, die Natur der causa solvendi, ein Beitrag zur causa- und Kondiktionenlehre (1903), S. 4/5; Planck, BR. II. S. 208 zu § 362 Anm. 1; Berndorff, die Annahme an Erfüllungsstatt (1904).

In den Fällen, die BGB. § 787 I regelt, handelt es sich um eine der in solutum datio ähnlichen Erscheinung. Haben A. und D. verabredet durch Erteilung und Befolgung der Anweisung, dass die Zahlung an X. der normalen Erfüllung der Schuld des D. gleichwertig sein solle, so erlischt die Schuld des Angewiesenen in Höhe der bewirkten Leistung durch Verabredung. Vgl. v. Thur, Zur Lehre von der Anweisung, Jhering J. 48 S. 9; vgl. auch Hellwig, Verträge auf Leistung an dritte, S. 140; „D. schuldet dem A. 100 Mk. als Darlehn und bezahlt auf Ersuchen des A. eine gleich hohe Kaufschuld des A. an X. Dann ist nur die Kaufschuld durch Erfüllung getilgt, die Darlehnsschuld des D. dagegen durch eine Leistung, die nach der Verabredung des D. mit A. der Erfüllung gleichwertig ist." Vgl. auch Anm. 217 dieses Buches.

[97]) Selbstverständlich können in demselben Akt mehrere Erfüllungs-, Aufrechnungs-, Hinterlegungsrechtsgeschäfte auf mehrere einzelne Forderungen hin bewirkt werden; aber die Erfüllung usw. wirkt immer nur auf die einzelne Forderung.

Auch die Hinterlegung fassen wir als Erlöschensgrund einzelner Forderungen auf. Dafür spricht vor allem BGB. § 378. „Ist die Rücknahme der hinterlegten Sache ausgeschlossen, so wird der Schuldner durch die Hinterlegung von seiner Verbindlichkeit in gleicher Weise befreit, wie wenn er zur Zeit der Hinterlegung an den Gläubiger geleistet hätte". BGB. § 378 verweist auf BGB. 362, auf die Bestimmungen über die Erfüllung. Sollte hier mit der fast wörtlich mit BGB. § 362 übereinstimmenden Wendung etwas anderes gemeint sein?

Soweit hier die Unmöglichkeit der Leistung als Erlöschensgrund in Betracht kommt, handelt es sich auch um Erlöschen einzelner Forderungen. Der Fall der anfänglichen objektiven Unmöglichkeit regelt sich nach BGB. § 306. Ein auf die unmögliche Leistung gerichteter Vertrag ist nichtig. Dieser Fall scheidet für unsere Untersuchung aus. — Im Falle der anfänglichen subjektiven Unmöglichkeit ist der auf die subjektiv unmögliche Leistung gerichtete Vertrag gültig. Die auf die subjektiv unmöglichen Leistungen gerichteten Forderungen erlöschen durch Unmöglichkeit. Die Verpflichtungen aber, welche der Schuldner durch Übernahme der Garantie für seine Leistungsfähigkeit auf sich genommen, bleiben bestehen. Es erlöschen mithin nur einzelne Forderungen, nicht das ganze Schuldverhältnis. — Tritt die Unmöglichkeit der Leistung erst nach der Entstehung des Schuldverhältnisses ein, so erlöschen die Verpflichtungen des Schuldners, soweit die infolge eines von dem Schuldner nicht zu vertretenden Umstandes eingetretene Unmöglichkeit reicht. Es erlöschen also auch hier nur einzelne Forderungen, nicht das Schuldverhältnis als solches (BGB. § 275).[98])

---

[98]) Vgl. Planck, BR. II. zu §§ 275—290 S. 67 und zu § 306 S. 117/8.

Über die Fälle des Erlöschens einzelner Forderungen durch Zweckerreichung und wegen Mangels eines Interesses des Gläubigers an der Erfüllung wird später[99]) gehandelt werden.

Die folgenden Erlöschensgründe können sowohl das Erlöschen einzelner Forderungen als auch das Erlöschen zusammengesetzter Obligationen bewirken.

Nach § 397 I BGB. „erlischt das Schuldverhältnis, wenn der Gläubiger dem Schuldner durch Vertrag die Schuld erlässt". In Literatur[100]) und Rechtsprechung steht fest, dass hier der Kunstausdruck „Schuldverhältnis" zunächst die einzelne Forderung bezeichnet, der Erlass also Erlöschensgrund einzelner Forderungen ist. Aber darüber hinaus regelt BGB. § 397 I auch Fälle, wo die Axt an die Wurzel des Baumes gesetzt wird, wo die ganze Schuld durch den Erlassvertrag erlischt. Deutlicher tritt dies noch in BGB. § 397 II hervor: „Das Gleiche gilt, wenn der Gläubiger durch Vertrag mit dem Schuldner anerkennt, dass das Schuldverhältnis nicht besteht." Hier wird das zugrunde liegende Schuldverhältnis, aus dem sich die einzelnen Forderungen abzweigen, zerstört.[101])

Dass, wenn ein Schuldverhältnis unter einer auflösenden Bedingung oder mit einem Endtermin beredet wurde, bei Eintritt der auflösenden Bedingung oder des Endtermins das ganze Schuldverhältnis von grund aus zusammenfällt, ergibt sich aus den allgemeinen Grundsätzen des Rechts.[102])

---

[99]) Siehe S. 64 ff. dieses Buches.

[100]) Vgl. Planck, BR. II zu § 397; Stammler, S. 223 Anm. 1, Crome, BR. II § 195 S. 309.

[101]) Übereinstimmend Fischer-Henle, zu § 397 Anm. 1; vgl. auch BGB. § 423.

[102]) BGB. §§ 158 II, 163.

Auch beim Rücktritt vom Vertrage (ein Erlass für die Vergangenheit!) handelt es sich um ein Erlöschen des Schuldverhältnisses als Ganzes, weil durch den Rücktritt ein Zustand geschaffen werden soll, wie er vor dem Abschlusse der Obligation bestanden.

Es bedarf wohl keines Beweises, dass durch contrarius consensus das ganze zusammengesetzte Schuldverhältnis zum Erlöschen gebracht werden kann.

Auch der Tod des Schuldners wirkt in den im Gesetz geregelten Fällen für das ganze Schuldverhältnis zerstörlich. BGB. § 673 bestimmt: „Der Auftrag erlischt . . .“; das ganze zusammengesetzte Schuldverhältnis, nicht nur einzelne Forderungen erlöschen.[103]) Ein Gleiches ist für den Fall des Todes des Gläubigers bei rein persönlichen Schuldverhältnissen (Forderungen und Leistungen) anzunehmen.

Gleiches gilt für KO. § 23, 1, 2 (BGB. § 675), KO. § 27, BGB. § 674.[104])

Es erübrigt noch auf einen Erlöschensgrund hinzuweisen, der lediglich das zusammengesetzte Schuldverhältnis als solches zum Erlöschen bringt, einen besonderen Endigungsgrund der zusammengesetzten Obligationen. Wir meinen die Erscheinung, dass nach Erlöschen aller Einzelforderungen das Schuldverhältnis in sich zusammenbricht. So viel ich sehe hat Stammler[105]) zuerst deutlich diesen Endigungs-

---

[103]) Vgl. auch BGB. §§ 674, 675.

[104]) KO. § 23 I. „Ein vom Gemeinschuldner erteilter Auftrag erlischt . . .“

„ § 23 II. „Das gleiche gilt . . .“

„ § 27. „Erlischt ein von dem Gemeinschuldner erteilter Auftrag oder ein Dienst- oder Werkvertrag . . .“

[105]) Stammler, S. 219, 220.

grund hervorgehoben.[106—107]) Für die Praxis dürfte er nur von untergeordneter Bedeutung sein. Für das Verständnis des Entwicklungsganges und der Beendigung des zusammengesetzten Schuldverhältnisses ist er in hohem Masse wichtig. Wird dieser Endigungsgrund berücksichtigt, so schliesst sich die Lücke, die auf den ersten Blick bei den Erlöschensgründen von Einzelforderungen blieb. Sind diese Einzelforderungen durch Erfüllung, Aufrechnung, Hinterlegung usw. erloschen, so bricht schliesslich das Schuldverhältnis als solches in sich zusammen, weil es nicht mehr einen Inhalt hat. Darüber, ob es sich hier um eine Erscheinung des von uns behandelten Problems der Zweckerreichung handelt, vgl. S. 148 dieses Buches!

B.

II. Kapitel: Zweck und Zweckerreichung.

Das Problem des Zwecks. § 7.

Nachdem in den vorhergehenden Erörterungen der Umfang unseres Problems im allgemeinen abgegrenzt worden und die Vorbegriffe festgelegt worden sind, soll nun der Inhalt unseres Problems, das Wesen der Zweckerreichung, eingehend untersucht werden. Der Begriff „Zweckerreichung" setzt den Begriff „Zweck" voraus; dieser ist mithin zunächst zu erforschen.

---

[106]) Ausführlicher darüber Klein in der ÖstRZ. I S. 162.

[107]) Vgl. auch l. 26 pr. D. 17 1: „Julianus quoque scripsit, mandatoris morte solvi mandatum, sed obligationem aliquando durare.

Hierbei gehen wir von dem Begriff des Zwecks im philosophischen Sinne aus. Nur diese Methode gibt ein Verfahren, mittels dessen bestimmte Begriffe und begründete Urteile erreicht werden können.

Eine kurze Rechtfertigung dieser Methode schicken wir voraus.

Dem Versuche zur näheren Bestimmung des Zweckbegriffs die Philosophie (speziell Logik und Psychologie) heranzuziehen wird der Jurist von vornherein mit Misstrauen gegenüberstehen.[108]) Dernburg, der hier die Durchschnittsmeinung der Juristen in einer der Philosophie freundlichen Richtung vertreten dürfte, sagt: „Neben der Geschichte und dem praktischen Rechte darf die Leuchte der Philosophie nicht fehlen. Aber Herrin darf sie auf dem Gebiete des positiven Rechtes nach meiner Ansicht nicht werden.“[109]) Wie dies zu verstehen ist, lehren folgende späteren Ausführungen: „Die allgemeinen Lehren der Pandekten[110]) beschäftigen sich zum Teil mit Problemen, welche sich auch die Rechtsphilosophie zu stellen hat. Aber der Standpunkt der Pandekten bezüglich dieser Probleme ist ein anderer als derjenige der Rechtsphilosophie. Die Pandekten haben die dem römischen und gemeinen Rechte[110]) zugrunde liegenden Vorstellungen klarzulegen. In diesen macht sich oft eine konkrete Anschauung und stets der Gesichtspunkt der praktischen Verwertbarkeit geltend. Die Rechtsphilosophie mag solchen Anschauungen kritisch gegenüberstehen. Sie hat andere Aufgaben als die positive Jurisprudenz. Unseres Erachtens muss es beiden Dis-

---

[108]) Vgl. Fischer, Das Problem der Identität und Neuheit, S. 9.

[109]) Dernburg, I. Vorwort zur I. Aufl.

[110]) Dies trifft in ähnlicher Weise für den allgemeinen Teil des BGBs. zu.

ziplinen förderlich sein, wenn sie erkennen, dass ihre Methoden und Ziele nicht identisch sind."[111]) Zur Klärung dürfte demgegenüber folgendes zu bemerken sein. Diese Auffassung ist berechtigt gegenüber der verderblichen Vermischung positivrechtlicher und sogenannter philosophischer Arbeit, einer Methode der Methodelosigkeit, die bereits Zitelmann[112]) mit Recht als Folge einer Unklarheit über die Bedeutung des positiven Rechtssatzes für wissenschaftliche Fragen gebrandmarkt hat. Wollte die herrschende Auffassung aber die Philosophie vollständig aus der positiven Jurisprudenz bannen, so würde sie eines der wichtigsten Entwicklungsmomente ausschalten. Sie würde z. B. dort, wo die Jurisprudenz nicht mit „reinen Rechtsbegriffen"[113]) arbeitet, wo sie vielmehr Begriffe verwertet, die auch ausserhalb des Gebiets der Rechtswissenschaft — auf dem Gebiete der Philosophie — gelten, die für die Entwicklung der Jurisprudenz so wertvollen Anregungen aus jenen Wissenszweigen abschneiden, die gewaltigen Fortschritte der Theorie und Praxis anderer Wissenschaften, durch die die Rechtsbegriffe an Inhalt und Klarheit gewinnen könnten, unverwertbar machen.

---

[111]) Dernburg, I § 19 Anm. 1; vgl. aber auch Hartmann, Leibniz als Jurist und Rechtsphilosoph, 1892, bes. S. 101 ff.; Fischer, a. a. O. S. 9 ff. In neuester Zeit gaben wertvolle Anregungen Wurzel, Juristisches Denken, ÖstCBl. 21 S. 593 ff., 673 ff., 753 ff., 834 ff., 929 ff. (später in Separatdruck erschienen); Jacques Stern, Rechtsphilosophie und Rechtswissenschaft (1904), und vor allem Kohler in seinem glänzenden Beitrage „Rechtsphilosophie und Universalgeschichte" in v. Holtzendorffs Enzyklopädie, VI. Aufl. I S. 1 ff. In der Strafrechtswissenschaft hat man die Hilfe der Philosophie in weit grösserem Umfange in Anspruch genommen, sicherlich nicht zum Nachteile der positiven Jurisprudenz.

[112]) Vgl. Zitelmann, Irrtum und Rechtsgeschäft, S. 15 ff.

[113]) Vgl. Zitelmann, a. a. O., S. 15 ff., 200 ff.; diese ausgezeichneten Ausführungen orientieren noch immer am besten über diese Fragen.

Noch mehr! Jede tiefere Untersuchung des objektiven Rechts führt uns in das Gebiet der juristischen Logik und Erkenntnistheorie. Wir müssen uns bewusst werden, wie die juristischen Gedankenformen entstanden sind, wie sie den Denkformen, in denen wir die Natur auffassen, nachgebildet sind, dass sie etwas Gedachtes, eine zweite Welt nach dem Ebenbilde der wirklichen Welt, eine freie Schöpfung sind usw.[114]) Wir müssen — um es noch einmal zu präzisieren — wissen, was die Gedankenformen, die wir fortwährend anwenden, bedeuten, was es heisst, wenn von einer Entstehung, Veränderung, vom Untergang des Rechts die Rede ist, um nicht durch das Bild, in welchem wir ein Phänomen verdeutlichen, geblendet zu werden. Zu all dieser Gedankenarbeit können wir die Hilfe der Philosophie nicht entbehren.

Unsere Methode ist also berechtigt, wenn entweder der Rechtsbegriff,[115]) den wir untersuchen wollen, kein „reiner Rechtsbegriff" ist, oder wenn unsere Untersuchung in die tiefste Eschatologie des Rechts hineinführen sollte. Beides trifft im vorliegenden Falle zu.

a) Die allgemeinen Lehren.

Die Analyse des Zweckbegriffs kann nur vom psychologischen Grund und Boden ausgehen.[116]) Ausgangspunkt unserer Betrachtung muss die Genesis des Zweckbegriffs

---

[114]) Vgl. Zitelmann, a. a. O., S. 200ff.

[115]) Rechtsbegriffe nennen wir alle diejenigen Begriffe, die als Bestandteile eines Rechtssatzes vorkommen oder die sich durch langen Gebrauch das Bürgerrecht in der Rechtswissenschaft erworben haben. Zitelmann, a. a. O. versteht nur die ersteren Begriffe unter Rechtsbegriffen. Der Unterschied ist kein erheblicher.

[116]) Zitelmann, a. a. O., S. 139; Sigwart, Logik, 3. Aufl. (1904), II S. 736ff.

bilden. Mit Recht wird das Gebiet der Selbsterfahrung als Geburtsstätte des Zweckbegriffs hingestellt.[117]) „Nachdem hier bei der Beobachtung des eignen Willensprozesses dieser Begriff einmal geformt war, wurde er auf die Werdereihen in Natur und Geschichte übertragen.“[118]) Der Mikrokosmus schuf den Makrokosmus nach seinem Ebenbilde. In die nach bestimmten Gesetzen sich entwickelnde Welt wurde der Zweckbegriff hineingetragen, ihre Erscheinungen durch den Zweck verknüpft.

Nach diesen kurzen Andeutungen der Genesis des Zweckbegriffs, die zugleich unsere Methode rechtfertigen, soll nun eine Definition des Zwecks nach seinem formalen Wesen gegeben werden. Hierbei gilt es zunächst hervorzuheben, dass Zweck und Wille nicht identisch sind. „Der unmittelbare Wille geht auf das Eintreten des ersten zum Zweck führenden Mittels, der körperlichen Bewegung, der mittelbare Wille geht auf das Eintreten der weiteren Glieder der Handlungsreihe, der Folgen der Handlung, also wenn schon mit der nächsten Folge der Handlung der Zweck erreicht wird, auf den Zweck, wenn erst weitere Mittel nötig sind, auf das Eintreten dieser weiteren Mittel und endlich des Zwecks. Der Zweck ist mithin nicht selbst mittelbarer Wille oder Absicht, sondern Inhalt des mittelbaren Willens, mittelbar Gewolltes, Inhalt der Absicht oder Beabsichtigtes.“[119])

Damit ist auch bereits das Verhältnis von Mittel und Zweck angedeutet.

Die Verwirklichung des Mittels ist unmittelbarer Willensinhalt, das Erreichen eines bestimmten Ziels durch dieses Mittel ist der Zweck des Willens.

---

[117]) Zitelmann, a. a. O., S. 138 u. Anm. 126.

[118]) Zitelmann, a. a. O., S. 138, Anm. 127.

[119]) Zitelmann, a. a. O. S. 140/1.

Es fragt sich nun, lässt sich dieser Zweck inhaltlich bestimmen? Die Antwort lautet: „Inhalt des Zweckes ist die Aufhebung vorhandener Unlust.“[120]) Jhering[121]) definiert: „Die Befriedigung, welche der Wollende sich von der Handlung verspricht, ist der Zweck seines Wollens.“[122]) Zweifellos ist das, was zuerst in unserer Seele sich fühlbar macht, uns zur Handlung bewegt, eine Unlust, nicht etwa, wie auch gelehrt wird, die Vorstellung von einer zukünftigen Lust, die doch stets vor ihrer Erreichung das Gefühl des Mangels, ein Unlustgefühl hervorrufen würde. Zweck jeder Handlung muss mithin notwendig die Erreichung der Aufhebung dieses Mangelgefühls, der Unlust sein. — Dieser Zweck trifft für alle Handlungen, für alles bewusste Verhalten zu. Aber er verblasst im wirklichen Leben vor den Zwecken, von denen gewöhnlich im Leben die Rede ist, und die auch in der Philosophie bei der Erörterung der Zweckbegriffe meist herangezogen werden. Diese Zwecke des täglichen Lebens unterscheiden sich von dem von uns als allgemein gültig hingestellten Zweck dadurch, dass bei ihnen das äusserste Glied in der Handlungsreihe, in der Reihe der Mittel zum Zweck — den Zweck ausmacht; man vernachlässigt die letzte Wirkung dieses Mittels als Ursache der Befriedigung unserer Unlust, schaltet diese Wirkung aus und begnügt sich damit das an sich gleichgültige Mittel zur Erreichung des wahren Zwecks: „Aufhebung der Unlust,“ — als Zweck darzustellen.[123]) So wird Inhalt des Zwecks ein in der Zukunft real oder wenigstens realisierbar vorgestellter Zustand unsrer selbst und anderer Dinge in einzelner Bestimmtheit oder in allgemeinerem Begriff ge-

[120]) Zitelmann, a. a. O. S. 142.

[121]) Der Zweck im Recht, III. Aufl. I S. 13.

[122]) Vgl. Sigwart, a. a. O. II S. 218.

[123]) Vgl. Zitelmann, a. a. O. S. 143.

dacht, — nicht also die Aufhebung der Unlust, des Mangelgefühls: dass dieser Zustand noch nicht erreicht und mithin die Ursache der letzten stets gewollten, wenn auch nicht stets bewusst werdenden, psychischen Wirkung noch nicht gesetzt ist. Es empfiehlt sich für die beiden Arten von Zwecken die von Zitelmann[124]) geprägten beiden Kunstausdrücke „psychischer" und „realer" „äusserer" Zweck beizubehalten. — Selbstverständlich darf die Ungenauigkeit in der Sprache des Lebens uns nicht dazu verleiten, den psychischen Zweck über den äusseren Zweck zu übersehen. Beide sind stets vorhanden und zusammenzufassen. Aber sie treten nicht gleich deutlich hervor. Anderseits mag man sich der Sprache des Lebens anpassen, wenn nur hierbei die doppelte Bedeutung des Kunstausdrucks Zweck nicht vernachlässigt und vergessen wird.

b) Anwendung der Ergebnisse auf die Obligation.

Wenden wir diese allgemeinen Ergebnisse auf den in der Obligation verfolgten Zweck an, so gelangen wir zu folgenden Resultaten:

I. Der letzte mit der Obligation verfolgte („psychische") Zweck ist Hebung eines Mangelgefühls. Dieser psychische Zweck ist juristisch irrelevant.

II. Der „reale" „äussere" Zweck der Obligation ist eine bestimmte durch das Gesetz sanktionierte Bedürfnisstillung.

Unsere Zweckbegriffe, die Gegenstand unseres Wollens sind und unser willkürliches Handeln leiten, nehmen teil an der Beziehung auf die Wirklichkeit, welche den Begriffen der wirklichen Dinge ihre bestimmten Regeln der

[124]) Vgl. Zitelmann, a. a. O. S. 143 u. 145.

Bildung vorschreibt. Was wirklich gewollt ist, ist immer ein wirklicher Zustand unserer selbst und anderer Menschen und Dinge ausser uns, das zwar zumeist als zukünftig vorgestellt wird, aber, wenn es sich verwirklicht, sich nur in der konkreten Bestimmtheit verwirklicht. Dadurch ferner, dass unsere Zweckbegriffe häufig genug auf Grund früherer Erfahrung gebildet werden, dass unser Wollen einfach auf die Wiederholung dessen gerichtet ist, was uns früher erfreute und befriedigte, werden diese Zweckbegriffe so präzis wie die Vorstellungen, durch die wir das Wirkliche überhaupt denken, wird unser Wollen sicher, vor allem, weil wir durch die Erfahrung belehrt, keine unerwarteten Nebenerfolge zu befürchten haben. Wir erlangen durch diese stete Schulung die Sicherheit, dort, wo es sich handelt, einen Zweck durch reale Mittel zu erreichen, die zweckdienlichen Mittel ausfindig zu machen, d. h. aus den vorhandenen Gegenständen die zweckdienlichen auszusuchen, oder, wo die Gegenstände, auf die unser Wollen geht, nicht vorgefunden werden, ein Ding herzustellen, das die durch den Zweck bestimmten Eigenschaften hat oder bestimmte Relationen zeigt.[125]) Diese letzte Arbeit ist aber auf dem Gebiet des Obligationenrechts längst geleistet, indem die Mittel — Obligationstypen —, durch die wir das von uns Gewollte erreichen können, längst erfunden sind.

Aber unsere Ausführungen über die Zweckbegriffe reichen nicht aus, wenn nicht noch folgende drei Punkte hervorgehoben werden:

I. Der Zweck bleibt, auch wenn er ein vollkommen bestimmter ist und sich auf einzelne Befriedigung richtet, doch insofern allgemein, als das direkt Gewollte gewöhn-

---

[125]) Sigwart, a. a. O. II S. 218 ff., 752.

lich[126]) nicht ein bestimmtes Ding als solches, sondern seine Eigenschaft als Mittel der Befriedigung ist.[125]) Es hängt nämlich meist nur vom Zufall ab, ob sich uns nur ein oder mehrere erreichbare Objekte gleicher Eigenschaft darbieten.

Es muss fernerhin hervorgehoben werden, dass häufig allgemeine Zwecke gesetzt werden, die durch eine Mannigfaltigkeit verschiedener Mittel realisierbar sind, wo der allgemeine Zweck so gefordert ist, alle geeigneten erreichbaren Dinge zu Mitteln zu diesem Zweck zu machen.

II. Stets muss berücksichtigt werden, dass die speziellen Akte, die einzelnen konkreten Impulse von umfassenden Willensentscheidungen und stabilen Willensrichtungen beeinflusst werden.

III. Schliesslich sei erwähnt, dass bei jeder erweiterten Handlungsreihe stets das folgende Glied als nächster realer Zweck des vorhergehenden Gliedes aufgefasst werden kann, mithin stets eine genaue Feststellung notwendig ist, was im einzelnen Falle mit Zweck bezeichnet wird.

Nachdem wir im Vorhergehenden in grossen Zügen das Problem des Zwecks dargestellt und damit die theoretische Grundlage für alle weiteren Erörterungen geschaffen haben, gilt es in den folgenden Erörterungen die Fragen: Inwieweit hat der Gesetzgeber bei der Regelung der Obligation die philosophischen Grundsätze über den Zweck sich zur Vorlage gewählt, finden sich Lücken in der gesetzlichen Regelung dieses Problems und wie lassen sich diese Lücken ausfüllen? — zu beantworten. Gerade dadurch wurden

---

[126]) Anders, wenn verschiedene Objekte in gleicher Weise die Eigenschaft in sich tragen, das Bedürfnis, aus dem das Wollen entsprang, zu befriedigen, und nun die Trennung des eigentlich Gewollten von seinen Nebenbestimmungen wirklich mit Bewusstsein vollzogen ist. Vgl. auch BGB. § 243 II.

[125]) Sigwart, a. a. O. II S. 218ff., 752.

Hartmanns von richtiger Grundlage ausgehenden Erörterungen schief, dass sie die Bedeutung des positiven Rechts für die philosophische Behandlung und Lösung eines Rechtsproblems unterschätzten.[127])

Nach positivem Recht ist, — wie wir auf S. 14 ff. dieses Buches ausführten, — die Obligation ein unter Privaten bestehendes Sonderrechtsverhältnis zur Befriedigung eines bestimmten Bedürfnisses des Gläubigers. Ihr Zweck ist die Stillung dieses bestimmten Bedürfnisses. Mittel ist die auf Grund der Sonderrechtsverbindung bewirkte geschuldete Leistung. Dass ernstlich nochmals als letzter Zweck die Leistung (Handlung des Schuldners) angenommen werde, ist wohl nach Hartmanns trefflicher Kritik[128]) unmöglich.

Bei der einfachen Obligation, die nur aus einer Forderung besteht, ist der reale Zweck erreicht, wenn die aus der Obligation geschuldete Leistung bewirkt ist.

Bei der zusammengesetzten Obligation kann zwischen einem näheren und entfernteren realen Zweck unterschieden werden. Der nähere reale Zweck ist die Bedürfnisbefriedigung, welche durch die Erfüllung usw. der einzelnen Forderung in der zusammengesetzten Obligation bewirkt wird. Der entferntere reale Zweck ist die durch die zusammengesetzte Obligation als Ganzes angestrebte Bedürfnisbefriedigung des Gläubigers, in der die einzelnen auf die Forde-

---

[127]) Hartmann unterschätzte die Bedeutung der bei der Obligation bestehenden Sonderverbindung zwischen dem Gläubiger und Schuldner. Auch wir nehmen an, dass bei der vollständigen Erreichung des Zwecks die Obligation durch Unmöglichkeit der Erfüllung (speziell causa-Bewirkung), Zweckerreichung erlischt. Aber weder die Unmöglichkeit der Leistung noch die Unmöglichkeit der causa sind geeignete Ausgangspunkte für eine Erforschung des Wesens der Obligation. Vgl. auch Klein, ZIntAVer. 8 No. 1.

[128]) Hartmann, a. a. O. S. 34.

rungen aus der zusammengesetzten Obligation hin bewirkten Bedürfnisstillungen aufgehen. Der entferntere reale Zweck wird häufig im Hinblick auf den näheren realen Zweck „ökonomischer" Zweck der Obligation genannt.[129]) Aber diese Bezeichnung ist in hohem Masse unzutreffend. Stammler hat in seinem so bedeutsamen Werke „Wirtschaft und Recht"[130—131]) mit Recht hervorgehoben, dass es unrichtig ist, von dem „wirtschaftlichen Zwecke" eines bestimmten Rechtsgeschäfts usw. zu reden. Er führt hierüber folgendes aus: „Die Sozialwirtschaft, das ist das auf Bedürfnisbefriedigung gerichtete Zusammenwirken, birgt als Gegenstand eigener Betrachtung es notwendig in sich, dass sie unter inhaltlich bestimmten menschlichen Satzungen stehe, — so viel wir geschichtlich wissen, grundsätzlich unter rechtlichen Regeln. Eine „wirtschaftliche" Erwägung des sozialen Verkehrs kann immer nur als konkrete Ausführung einer bestimmten sozialen Regelung auftreten, wenn sie als sozialwissenschaftliche Untersuchung Wert haben und nicht bloss eine technologische Erörterung bleiben soll. Daraus ergibt sich, dass es ungereimt ist, von „dem wirtschaftlichen Zweck" eines bestimmten Rechtsgeschäfts zu reden, so dass damit eine eigenartige und selbständige Richtung der Zielsetzung im sozialen Verkehr angegeben wurde, die der Art nach von der Erlangung einer bestimmten rechtlichen Stellung unabhängig wäre. Eine solche selbständige „wirtschaftliche" Zwecksatzung gibt es für die soziale Betrachtung nicht." — Als Kunstausdruck aber — nur diese Aufgabe bleibt für die Bezeichnung „ökonomischer Zweck" — verdient die Bezeich-

[129]) Vgl. S. 55 ff. dieses Buches.

[130]) Vgl. Stammler, Wirtschaft und Recht, § 34 S. 188 ff.

[131]) Vgl. Stammler, S. 217; richtig BGB. § 812: „Der mit einer Leistung nach dem Inhalte des Rechtsgeschäfts bezweckte Erfolg" ...

nung „ökonomischer Zweck" nicht weiter geführt zu werden, da er die rein rechtlichen Beziehungen zwischen dem näheren und entfernteren realen Zweck nur verschleiern würde.

Im Anschluss an diese Untersuchungen wollen wir den Begriff des „ökonomischen Zwecks", wie ihn neuerdings z. B. Rappaport verwertet, näher behandeln.

Rappaport — seine Erörterungen verdienen besondere Beachtung, weil er die früheren Untersuchungen über diese Frage eingehend würdigt — führt in seinem Buche auf S. 169 ff., folgendes aus:

„Der Zweck des Anspruchs (der Forderung[132])) ist ein juristischer oder ökonomischer, je nachdem die auf juristischem oder die auf ökonomischem Gebiete liegende Wirkung ins Auge gefasst wird.

„Als Rechtsgebilde muss jeder Anspruch zunächst auf juristische Wirkung gehen. Jeder Anspruch hat einen juristischen Zweck.

„Der Anspruch als Erscheinung des Vermögensrechtes — und auf dieses ist unsere Untersuchung beschränkt — will aber eigentlich eine Wirkung für das Vermögen hervorbringen, er zielt[133]) also auch auf einen ökonomischen oder wie zuweilen gesagt wird ‚praktischen Zweck'. Dieser ist aber in der Mehrzahl der Fälle nur als Folge des juristischen Zweckes gedacht, steht zu diesem selbst wieder im Verhältnisse des Zweckes zu seinem Mittel, ist also insofern ein ‚weiterer', ein ‚mittelbarer' Zweck, der ausserhalb des gewöhnlichen Rahmens des Anspruches liegt.

„Das Verhältnis zwischen dem juristischen und ökono-

[132]) Vgl. Rappaport, a. a. O. S. 168 Anm. 4.

[133]) Bei Rappaport irrtümlich: „zieht".

mischen Zwecke des Anspruches stellt sich demnach so, dass ein Anspruch in der grossen Mehrzahl der Fälle als nächstes Ziel nur einen juristischen Zweck hat, während der ökonomische Zweck weiter ab liegt. Dieser kann sogar soweit liegen, dass es zu seiner Erreichung eines neuen Anspruches bedarf. Jener erste Anspruch scheint dann rein und ausschliesslich einen juristischen Zweck zu verfolgen, tatsächlich aber bildet er nur das Anfangs- oder Zwischenglied einer ganzen auf einen ökonomischen Endzweck gerichteten Aktion. Solcher Art ist z. B. der Anspruch bei der actio ad exhibendum."

Hartmann[134]) habe diesen ökonomischen Zweck vernachlässigt oder übersehen und sich begnügt, den juristischen Zweck zu definieren, und daher sei, wie auch Jhering[135]) klar hervorgehoben, Hartmanns Begriffsdefinition des Anspruchs unfruchtbar gewesen, weil sein „Zweck" nur ein anderer Ausdruck für den Inhalt des Anspruchs sei.

Rappaport beleuchtet den Unterschied zwischen dem juristischen und dem ökonomischen Zweck an folgenden Beispielen:

I. „Zwischen dem Anspruche aus dem Kaufvertrage auf Zahlung des Preises und jenem auf Zahlung einer gleich hohen Schadensersatzsumme besteht ein wesentlicher Unterschied. Beide gehen auf die Zahlung einer gleichen Summe, haben also scheinbar den gleichen Gegenstand, den gleichen Zweck. Während aber der Anspruch auf den Kaufpreis einen Hinweis auf seine ökonomische Verwendung nicht enthält (?), verlangt der Schadenersatzanspruch Zahlung dieser Geldsumme zum Zwecke der

---

[134]) Vgl. Hartmann, a. a. O. S. 53.

[135]) Vgl. Jhering, Geist des römischen Rechts, II S. 364 ff.; vgl. auch Binder, a. a. O. S. 51.

Tilgung eines bestimmten Schadens, und diese Zweckbestimmung gehört offenbar so sehr zu seinem Begriffe, dass die Ausschaltung derselben dem Anspruch seinen Charakter nehmen, ihn wesenlos machen würde.

„Der Schade ist aber ein ökonomischer Begriff, er kennzeichnet einen bestimmten Vermögenszustand. Schadensersatz ist also ein ökonomischer Zweck, er geht auf eine bestimmte Wirkung für das Vermögen. Er geht auf Ausfüllung einer Vermögenslücke. Folglich nimmt der Schadensersatzanspruch im Gegensatze zu dem Anspruche aus dem Kaufvertrage den ökonomischen Zweck in seinen Begriff als wesentliches Element auf" (?).

II. „Vergleicht man den Anspruch auf Übergabe einer gekauften Sache mit dem Anspruche auf Rückstellung einer Sache, mag er nun dinglich oder obligatorisch sein, so finden wir dasselbe.

„Jener geht auf einen bloss juristischen Zweck, auf Übergabe der Sache zu definitivem Haben (habere licere, im modernen Rechte: Eigentum). Der ökonomische Zweck dieses Anspruches kann die Bereicherung des Vermögens durch nachträglichen teuereren Weiterverkauf, der direkte Sachgenuss durch Gebrauch oder Verbrauch sein, es kann sein, dass der Kaufpreis hinter dem wahren Sachwerte zurückblieb, so dass das Vermögen des Käufers vermehrt, es kann sein, dass er ihn übertraf, so dass es vermindert wurde. Alle diese Beziehungen zum Vermögen treten im Anspruche nicht hervor.

„Anders der Anspruch auf ‚Rückstellung' einer Sache. Im Begriffe der Rückstellung liegt genau wie im Begriffe des Schadenersatzes das Moment der Ausfüllung einer Lücke in der Vermögenssphäre des Anspruchsberechtigten. Schadensersatz und Restitution sind ja so sehr verwandt, dass jener zunächst durch diese und erst subsidiär durch Geldleistung zu bewirken ist" (BGB. § 249).

III. Auch der Alimentationsanspruch nimmt nach Rappaport, a. a. O. S. 176 ff. den ökonomischen Zweck in seinen Begriff auf. Rappaport verweist hier auf die von uns bereits erwähnte Arbeit von Schanze im 69. Bande des ArchZivPrax. Die grosse Bedeutung der Lehre vom „ökonomischen Zweck" für das Problem der Zweckerreichung, mag es rechtfertigen, wenn wir auch diese gedankenvollen Ausführungen unverkürzt wiedergeben:

Schanze gelangt a. a. O. S. 243 ff. zu folgenden Ergebnissen:

> „Inhalt der Alimentationspflicht ist die Fürsorge für die Unterhaltung des Berechtigten. Sie geht nicht auf eine im voraus bestimmte einfache Leistung, sondern bezweckt Befriedigung einer Menge verschiedenartiger und wechselnder Bedürfnisse. Der Schuldner ist verpflichtet dafür Sorge zu tragen, dahin zu wirken, dass dem Berechtigten an nichts gebricht, was zu seines Leibes und beziehentlich Geistes Nahrung und Notdurft gehört. Die Alimentationspflicht in diesem Sinne besteht also in einem facere, nicht in einem dare.
>
> . . . „Es wird aber noch in einem anderen Sinne von Alimentation gesprochen: Der Verpflichtete hat eine im voraus nach Zeit und Inhalt bestimmte Leistung, deren Gegenstand meist, aber nicht immer in Geld besteht, zum Zwecke der Alimentation zu gewähren. Allein die Erreichung dieses Zweckes, die wirkliche Sustentation des Berechtigten, ist für die Erfüllung der Unterhaltspflicht nicht wesentlich. Der Unterhaltsverbindlichkeit ist Genüge getan, wenn

der Verpflichtete die erforderlichen Mittel gewährt hat. Es handelt sich hier lediglich um ein dare, dem Berechtigten aber bleibt es überlassen, den Leistungsgegenstand seiner Bestimmung gemäss oder in anderer Weise zu benutzen.

„Der Unterschied der beiden Arten von Alimentation liegt darin, dass in dem einen Falle die Verwirklichung der ökonomischen Zweckbeziehung des Leistungsgegenstandes in den Inhalt der Rechtspflicht aufgenommen worden ist, während sie im andern Falle ausserhalb des obligatorischen Nexus verbleibt, nur in sekundärer Beziehung von rechtlicher Bedeutung ist.“

Rappaport schliesst sich diesen Ausführungen Schanzes im allgemeinen an und folgert aus ihnen, der eigentliche Alimentationsanspruch nehme die Verwirklichung der ökonomischen Zweckbeziehung des Leistungsgegenstandes in den Inhalt der Rechtspflicht auf. Man könne auch dem Gedanken die Fassung geben, der ökonomische Zweck des Anspruches werde hier zu einem Elemente seines Begriffes. Von hier aus betrachtet sei also der Alimentationsanspruch dem Ersatzanspruch gleich.[136]) Der ökonomische Zweck be-

[136]) Rappaport, a. a. O. S. 176 erwähnt auch die Ansprüche aus unentgeltlichen Zuwendungen. „Ansprüche aus unentgeltlicher Zuwendung gehen auf Erhöhung des Vermögens um den Wert des Zuzuwendenden“ Auch diese Ansprüche nehmen nach Rappaport den ökonomischen Zweck in ihren Begriff auf. Dies ist unrichtig. — Nur die unentgeltliche Zuwendung als solche geht auf Erhöhung des Vermögens eines andern. Besteht bei dieser die Leistung in einer Verpflichtung — und nur an diese Fälle kann Rappaport a. a. O. denken — so bedeuten die aus der Verpflichtung entstandenen Ansprüche nicht eine Vermehrung des Vermögens, sondern einen Austausch zweier gleichwertigen Posten in dem Vermögen des durch die Zuwendung Bereicherten, den Austausch der Forderung und Leistung.

stehe beim Alimentationsanspruch in der „Behebung der Bedürftigkeit (Ausfüllung einer Vermögenslücke!) des zu Alimentierenden.[137])

So geistreich dies alles ist, so fehlt doch u. E., wie wir bereits auf S. 53 dieses Buches in Anlehnung an Stammler zeigten, für eine Scheidung zwischen einem „juristischen" und „ökonomischen" Zweck des Rechtsgeschäfts die Unterlage. Rappaports Ausführungen träfen also nur dann in jeder Beziehung zu,[138]) wenn bei den vermögensrechtlichen Ansprüchen ein besonderer Grund diese Scheidung notwendig machte. Dies nachzuprüfen stellen die folgenden Erörterungen sich zur Aufgabe.

Wir definierten die Obligation als ein unter Privaten bestehendes Sonderrechtsverhältnis zur Befriedigung eines bestimmten Bedürfnisses des Gläubigers, und bezeichneten die Stillung eines bestimmten Bedürfnisses als „realen Zweck" der Obligation. Dabei wurde hervorgehoben, dass Mittel und Zweck der Obligation, Leistung und Bedürfnisbefriedigung wie die Sozialwirtschaft überhaupt, durch rechtliche Satzungen geregelt sind, dass der Zweck der Obligation immer nur ein juristischer sein kann. U. E. tritt diese juristische Natur des Zwecks der Obligation nirgendwo deutlicher hervor als bei den vermögensrecht-

---

Die Zuwendung ist unentgeltlich. Die Leistung aus den Ansprüchen erfolgt solvendi causa. Vgl. auch S. 61 dieses Buches.

Über die Wirkung der ersten causa für die Erfüllung der Verpflichtung vgl. Klein, „Beiträge zur causa-Lehre" ÖstCBl. 22 S. 466.

[137]) Vgl. Rappaport, a. a. O. S. 179 und 180; dort genaue Literaturangaben und gute Kritik dieser Literatur.

[138]) Damit sollen Rappaports Verdienste, dessen Ergebnisse wir als wertvoll begrüssen, in keiner Weise geschmälert werden. Wir bekämpfen seine Terminologie lediglich deshalb, weil sie u. E. leicht falsche Vorstellungen wachrufen kann.

lichen Ansprüchen. Die Bedürfnisbefriedigung vollzieht sich naturgemäss bei vermögensrechtlichen Ansprüchen in der Vermögenssphäre. Die Vermögenssphäre aber steht — das Vermögen ist etwas Juristisches — unter rechtlicher Satzung. Die Begriffe „ökonomisch", „wirtschaftlich" haben mithin in der ganzen Sphäre des Vermögens keinen Platz.

Die Lösung des von Rappaport richtig erkannten Problems gibt u. E. die von uns aufgestellte Unterscheidung zwischen dem näheren und entfernteren realen juristischen Zweck.

Zur Beleuchtung wählen wir die von Rappaport als Beispiel gewählte actio ad exhibendum: Sie dient dem näheren realen (juristischen) Zweck, die Vorlegung einer bestimmten Sache zu erreichen, dann aber mittelbar dem weiteren realen (juristischen) Zweck, z. B. nach der Vorlegung der Sache das jus tollendi ausüben zu können.

Doch wir wollen uns nicht damit begnügen, zu zeigen, dass aus allgemeinen Gründen die von Rappaport und andern gewählte Bezeichnung „ökonomischer" Zweck unrichtig ist; es soll noch im einzelnen dargelegt werden, wie auch in den von Rappaport besonders aufgeführten Fällen lediglich der juristische Zweck in Betracht kommt.

ad. I. Nach Rappaport besteht der wesentliche Unterschied zwischen dem Anspruche aus dem Kaufvertrage auf Zahlung des Preises und jenem auf Zahlung einer gleich hohen Schadenersatzsumme darin, dass der Anspruch auf die Schadenersatzsumme einen als wesentliches Begriffselement aufzufassenden Hinweis auf seinen ökonomischen Zweck enthält, während das bei Ansprüchen aus Kaufverträgen nicht der Fall ist. Die Zweckbestimmung gehöre also bei Schadenersatzansprüchen offenbar zu dem Begriffe des Anspruchs derart, dass bei ihrer Ausschaltung der Anspruch wesenlos werde. Ökonomisch sei der Zweck, weil er auf eine bestimmte Wirkung für das Vermögen gehe.

Diesen von Rappaport gelehrten Unterschied gestehe ich, nicht einzusehen.

a) Jeder Anspruch ist wesenlos, wenn in ihm nicht seine causa,[139]) das Individualisierungsmoment, zum Ausdrucke kommt.[140])

b) Die Wirkung beider Ansprüche spielt sich im Vermögen des Gläubigers ab,

der eine geht auf Austausch der Schadenersatzforderung gegen die äquivalente geschuldete Leistung,

der andere auf Austausch der Kaufforderung gegen die äquivalente geschuldete Leistung.

c) Über das „ökonomische" . . . vgl. S. 59 dieses Buches!

ad II. Gleiches gilt für das von Rappaport angeführte zweite Beispiel, das den Unterschied zwischen dem Anspruch auf Übergabe der Sache und dem Anspruch auf Rückstellung einer Sache beleuchten soll. Es genügt hier der Hinweis auf unsere Ausführungen ad I.

Wenn Rappaport hier von dem „Moment der Ausfüllung einer Lücke in der Vermögenssphäre des Anspruchsberechtigten" spricht, so ist dies nicht scharf gedacht. Es handelt sich hier nicht um Ausfüllung einer Lücke, sondern um den Austausch von Forderung und Leistung.

Man darf sich hier nicht durch das tatsächlich entstandene aber bereits im Moment der Entstehung im gleichwertigen Anspruch rechtlich umfasste Bedürfnis des Anspruchsberechtigten irreführen lassen.

---

[139]) Causa nicht in dem Sinne von „Element" in der rechtsgeschäftlichen Vermögenszuwendung.

[140]) Dieser Entstehungsgrund enthält in allen Fällen bereits die Zweckbeziehung. Ohne eine solche ist ein Anspruch undenkbar.

(Über die von Rappaport hier erwähnten Fälle von unentgeltlichen Zuwendungen vgl. S. 58 Anm. 136 dieses Buches!)

ad III. Auch bei dem dritten von Rappaport (in Anlehnung an Schanze) angeführten Beispiel ist der sogenannte „ökonomische Zweck" nichts anders als der entferntere reale juristische Zweck.

Nach Schanze besteht der Unterschied zwischen den beiden Arten von Alimentation (eigentlicher und uneigentlicher Alimentation) darin, dass bei der eigentlichen Alimentation die Verwirklichung der ökonomischen Zweckbeziehung des Leistungsgegenstandes in den Inhalt der Rechtspflicht aufgenommen worden ist, während sie im andern Falle ausserhalb des obligatorischen Nexus bleibt, nur in sekundärer Beziehung von rechtlicher Bedeutung ist.

Schanze war bei dieser scharfsinnigen Erörterung bereits auf dem richtigen Wege, hat sich aber u. E. durch das unglückliche Schlagwort „ökonomischer Zweck" dazu verleiten lassen, den richtig empfundenen Unterschied zwischen der eigentlichen und uneigentlichen Alimentation nicht tiefer zu ergründen.

Der Unterschied zwischen beiden Alimentationsarten ist u. E. in Kürze folgender:

Bei der uneigentlichen Alimentation ist der reale äussere (juristische) Zweck der Obligation, die Bedürfnisstillung, von vornherein konkret bestimmt, ein ganz speziell und individuell gedachter Zustand, — sind die realen Mittel, durch die diese Bedürfnisbefriedigung erzielt werden kann, von vornherein gegeben. Der Zweck dieser Obligationen ist erreicht, wenn der konkrete vereinbarte Zustand (meist durch ein dare) geschaffen ist. Ob die wirkliche Sustentation des Berechtigten erreicht wird ist für diese Obligationen nicht wesentlich, da hier von vornherein die Bedürfnisstillung mit der Herstellung des konkret bestimmten Zustandes identifiziert wurde,[141]) weil man sich das Bedürfnis als Ermangelung dieses konkreten Zustandes vorstellte.

Bei der eigentlichen Alimentation ist der reale äussere (juristische) Zweck der Obligation, die Bedürfnisstillung, nur in den allgemeinen Zügen der völligen Sustentation angedeutet. Die realen Mittel, durch die diese Bedürfnisse befriedigt werden sollen, lassen sich von vornherein nicht genau voraussehen und bestimmen. Der allgemeine (juristische) Zweck ist so gefordert: alles zu tun was zur Sustentation notwendig ist. Hier ist die Erreichung der Sustentation, genauer „der Behebung der Bedürftigkeit des zu Alimentierenden",[142]) wesentlich, weil hier von vornherein die durch die Obligation zu erreichende Bedürfnisstillung die Sustentation des zu Alimentierenden ist.

Bei aller inhaltlichen Verschiedenheit zwischen beiden Obligationsarten wird eins sofort klar:

Der Zweck ist bei beiden Obligationen wie bei allen Obligationen (Kauf, Miete) ein juristischer, — Bedürfnisstillung —, zeigt in beiden Fällen dieselben Begriffselemente. Dass der Kunstausdruck „ökonomischer Zweck", „ökonomische Zweckbeziehung", wenn er etwas anders bedeuten sollte, unrichtig, wenn er unserm Gedanken Ausdruck verleihen wollte, unzweckmässig ist,

---

[141]) Die entfernteren realen juristischen Zwecke in beiden Fällen der Alimentation sind von vornherein verschieden gedacht.

[142]) Vgl. Rappaport, a. a. O. S. 179, dessen Ausführungen in diesem Punkte ich vollkommen akzeptiere.

glaube ich bereits nachgewiesen zu haben. Der Unterschied zwischen beiden Obligationsarten beruht lediglich auf dem verschiedenen Inhalt der entfernteren realen juristischen (dem Wesen und der Struktur nach gleichen) Zwecke beider Obligationen.

Bedeutung der Erreichung ihres Zwecks für die Obligation. § 8.

Zweck der Obligation ist die Bedürfnisstillung beim Gläubiger. Ist dieser Zweck erreicht, so erlischt die Obligation, weil sie ihre Aufgabe erfüllt hat — im weitesten Sinne — durch Erreichung des Zwecks, „Zweckerreichung". Im weitesten Sinne liegt also überall dort Zweckerreichung vor, wo der Zweck der Obligation, die Bedürfnisstillung beim Gläubiger, erreicht ist.

Der Kunstausdruck: „Zweckerreichung". § 9.

In diesem Sinne gebraucht wäre der Kunstausdruck „Zweckerreichung" nur eine wenn auch richtige so doch inhaltlose und unfruchtbare Formel, die für das Leben keinen Wert hätte. Soll der Kunstausdruck „Zweckerreichung" eine Förderung der Systematik der Erlöschensgründe von Obligationen bedeuten, so muss er in einem engeren Sinne gebraucht, muss eben „Kunstausdruck" sein.

Dazu zwingt uns schon das positive Recht. Die Gesetzgebung, die hier altbewährte ausgezeichnete Geistesarbeit übernehmen und ausbauen konnte, regelte von den vielen Erlöschensmöglichkeiten der Obligation durch „Zweckerreichung im weitesten Sinne“ dem Bedürfnisse des Lebens entsprechend einzelne besonders typische Erlöschensgründe eingehend. Diese Regelungen aber haben nicht nur — wie jeder positive Rechtssatz — als Gesetzesnormen für unsere Untersuchung der „Zweckerreichung im engeren Sinne“, speziell deren Abgrenzung, Bedeutung, sie bedeuten vielmehr eine tiefgründige Arbeit, durch die die charakteristischen Linien in dem weiten Gebiete der Zweckerreichung (im weitesten Sinne) scharf hervortreten, — durch die die besonders geregelten Erlöschensgründe gegen den übrigbleibenden Erlöschensgrund der Zweckerreichung im engeren Sinne abgegrenzt werden. Um das Gesagte noch an einem Bilde zu verdeutlichen! Auf dem grossen ungemessenen Gebiete der Zweckerreichung im weitesten Sinne sind einzelne wichtige Gebiete genau vermessen. Durch die also gewonnenen Grenzlinien sind einmal diese besonders wichtigen einzelnen Gebiete genau vermessen. Diese Grenzlinien bedeuten aber auch anderseits die Abgrenzung des noch auszumessenden Gebietes der Zweckerreichung im engeren Sinne.

Weiterhin ist festzustellen ob die ausdrücklich und eingehend geregelten Erlöschensmöglichkeiten durch Zweckerreichung im weitesten Sinne (Erfüllung, Hinterlegung, Aufrechnung, Erlass usw.) ein allgemeines Charakteristikum aufweisen, durch das sie sich gegen die andern nicht besonders geregelten Fälle der Zweckerreichung im engeren (eigentlichen) Sinne scharf abheben, oder nicht. Hier findet sich ein Unterscheidungsmerkmal, das wir etwa dahin formulieren können:

Bei den gesetzlich eingehend geregelten Erlöschensgründen der Zweckerreichung im weiteren Sinne erlischt die Obligation durch eine besondere auf sie gerichtete Handlung (ein auf sie gerichtetes Verhalten) des Schuldners (bzw. eines Dritten).[143])

Bei der Zweckerreichung im engeren Sinne handelt es sich um Fälle des Erlöschens von Obligationen, in denen die Obligation nicht durch ein auf sie direkt gerichtetes Verhalten, eine auf sie direkt gerichtete Handlung (Leistung!) des Schuldners (bzw. eines dritten) erlischt, sondern dadurch, dass der Schuldner (bzw. ein dritter) auf eine andere, später näher darzulegende Weise die Bedürfnisbefriedigung beim Gläubiger mittelbar herbeigeführt hat.

---

143) Nochmals sei betont, dass es sich hier nur um eine Einteilung der Erlöschensgründe der Obligation mit Bedürfnisbefriedigung des Gläubigers handelt. — Dass bei den Erlöschensgründen der Erfüllung, Novation, Hinterlegung und Aufrechnung es sich um Erlöschensgründe handelt, bei denen die Bedürfnisbefriedigung des Gläubigers durch die Handlung des Schuldners bzw. eines dritten eintritt, bedarf wohl keines Beweises. Zu diesen Erlöschensgründen bildet der der Zweckerreichung das Gegenstück.

Zu den Erlöschensgründen durch Zweckerreichung im weitesten Sinne stehen im Gegensatze die Erlöschensgründe der Obligation ohne Bedürfnisstillung beim Gläubiger, Unmöglichkeit der Leistung usw. Der Erlass nimmt eine Sonderstellung ein. Vgl. auch Hruza, Zur Lehre von der Novation nach österreichischem und gemeinem Recht (1881), S. 148.

C.

III. Kapitel: Die Zweckerreichung als Erlöschensgrund der Obligation; Beweisführung.

In dieser negativen Definition der Zweckerreichung tritt bereits das Problem dieses Buches deutlich hervor; ich formuliere der grösseren Deutlichkeit halber das Problem nochmals wie folgt:

> „Welchen Einfluss übt auf den Bestand der Obligation der Umstand aus, dass durch ein nicht auf die Obligation gerichtetes Verhalten des Schuldners oder eines dritten ein der aus der Obligation geschuldeten Bedürfnisbefriedigung gleicher Erfolg erreicht wird?"

Eine Obligation erlischt durch Zweckerreichung, wenn ihr Zweck durch vollständige, gleich günstige Erfüllung einer zweckidentischen Obligation erreicht ist. § 10.

Bevor wir an die Lösung dieses Problems herantreten können, muss hier zunächst folgende Frage beantwortet werden: Handelt es sich bei „dem der aus der Obligation geschuldeten Bedürfnisbefriedigung gleichen Erfolge" um einen identischen oder nur um einen gleichartigen Erfolg? Die Beantwortung dieser Frage setzt eine scharfe Abgrenzung der Begriffe „Identität" und „Gleichartigkeit" voraus.[144])

[144]) Ich stellte mir selbst hier diese Fragen, weil Ungenauigkeiten bei der Verwendung der Kunstausdrücke „identisch" und „gleichartig", wie sie mehrfach vorgekommen, es m. E. wünschenswert machen, dass die notwendige scharfe Scheidung zwischen beiden Begriffen wiederhergestellt werde, vor allem aber, weil kein Zweifel darüber bestehen darf, in welchem Sinne diese Kunstausdrücke in diesem Buche verwandt werden.

I. Die Probleme der Identität und Gleichartigkeit.

a) Identitätsproblem.[145])

1. In der Philosophie.

Das Wort Identität ist leider im Laufe der Zeit vieldeutig geworden und das sogenannte Gesetz der Identität in sehr verschiedenem Sinne angewendet worden.

Einmal sollte es nach der Formel a = a behaupten, dass jedes Denkobjekt mit sich selbst identisch ist, eben als dieses und als kein anderes[146]) gedacht werden müsse,

dann sollte es als Prinzip aller bejahenden Urteile aussprechen, dass Subjekt und Prädikat im Verhältnis der Identität stehen müssen,

schliesslich ist ihm noch die metaphysische Bedeutung beigelegt worden, dass es sage: jedes Seiende sei mit sich selbst identisch.[147])

Diese Vieldeutigkeit des Kunstausdrucks „Identität" zwingt uns, in jedem einzelnen Falle festzustellen, was er besagt.

---

[145]) Literatur: v. Schey, Über Rechtsverwandlung, Grünhuts Z., Bd. 7, 8; Fischer, a. a. O.; dort genaue Angaben über die einschlägige philosophische und ältere juristische Literatur; Hellwig, Anspruch und Klagerecht, § 10 ff.; ders., Lehrbuch des deutschen Zivilprozessrechts, I § 30 ff.; Binder, a. a. O. S. 28 ff.; Waller, Surrogation (1904); Schlossmann, Der Irrtum über wesentliche Eigenschaften der Person und der Sache nach dem Bürgerlichen Gesetzbuche (1903), § 18 S. 71, besonders S. 74 Anm. 1.

[146]) Identität ist individuelle Selbigkeit. („Daher ist die Bezeichnung etwas anderes im Falle wirklicher Identität eigentlich ein Widerspruch. Das zweite Ding ist im Vergleich zum ersten kein anderes, sondern es ist dasselbe, das nur zweimal genannt wird." Erdmann, Logik I S. 174)

[147]) Vgl. Sigwart, a. a. O. I S. 108 ff.

Zuvor noch einige allgemeine Bemerkungen über den Begriff der Identität! Der Kunstausdruck „Identität" lässt sich nur auf ein mehrmaliges Vorstellen anwenden. Ich vermag nur dann etwas identisch zu erkennen, wenn ich mir bewusst bin, dass ich es mir in verschiedenen Momenten vorstelle und den Inhalt dieses wiederholten Vorstellens vergleiche. Als Relationsbegriff fordert der Begriff Identität zwei Beziehungspunkte. Dass es ein und dasselbe sein muss, was wir uns mehrfach vorstellen, nicht aber eine Mehrheit von Vorstellungssubstraten, darauf weist schon die Etymologie des Wortes „Identität" hin.

Aber damit sind die Vorfragen, die hier zu lösen sind, noch nicht erschöpft. Es fragt sich schliesslich, ob, wenn ich sage, dass das zweimal Vorgestellte dasselbe ist, damit eine objektive oder aber nur eine subjektive Selbigkeit des zweimal Vorgestellten gemeint ist, d. h. ob jemals der Nachweis erbracht werden kann, dass ein vorliegendes konkretes Ding a identisch ist mit einem konkreten Ding a des gleichen abstrakten Typus, dessen Existenz in einem anderen Zeitpunkte feststeht, oder nicht?. Diese Frage wird von den Philosophen einstimmig in dem letzteren Sinne einer subjektiven individuellen Selbigkeit entschieden.

Der innerste Grund für diese Entscheidung ist der, dass alles das, was für die Erkenntnis da ist, also die ganze Welt, nur Objekt in Beziehung auf das erkennende Subjekt ist, Anschauung des Anschauenden, mit einem Worte Vorstellung. Ist die Leugnung des Daseins der Materie, d. h. der Solidität, Undurchdringlichkeit und Ausdehnung ein Wahn, so muss doch anderseits zugegeben werden, dass wir niemals tiefer in das Wesen unserer Vorstellungssubstrate eindringen können, als eben vorstellungsweise, dass es für uns niemals eine Realität geben kann, die von unserer Vorstellung verschieden ist.[148])

Aber auch speziell für die Identitätslehre ist der Nachweis erbracht worden, dass die Frage nach der objektiven individuellen Selbigkeit, dem allgemeinen Problem unserer Erkenntnis unlösbar ist, dass niemals von objektiver Identität der Erscheinungen, sondern nur von subjektiver Identität der Vorstellungen die Rede sein kann. Ich verweise hier auf die Untersuchungen Fischers über Identität und Neuheit und die dort herangezogene philosophische Literatur, besonders auf Hume und Lotze.[149])

Also nur von dem zweimal Vorgestellten kann behauptet werden, dass es identisch ist, d. h. dass sämtliche Merkmale und Teilinhalte vollkommen gleich sind.

Aber wir werden sofort finden, dass der Begriff Identität auch in der Philosophie nicht stets in diesem absoluten Sinne gebraucht wird, dass vielmehr auch da von Identität die Rede ist, wo zwei Vorstellungen, zwei Wahrnehmungen, zwei Berichte, zwei Namen usw. auf dieselbe Person, dasselbe Ding, denselben Vorgang bezogen werden. Diese praktische (nach Sigwart: reale) Identität schliesst die Verschiedenheit des Objektes zu verschiedenen Zeiten nicht aus. Wir bezeichnen als identisch einen und denselben Baum, gleichviel, ob er kahl oder belaubt ist, eine und dieselbe Person, mag sie Jüngling oder Greis sein.

Daneben aber besteht für uns die logische oder absolute Identität, bei der eine vollständige Gleichheit aller Merkmale und Teilinhalte auch zu verschiedenen Zeiten verlangt wird.

---

[148]) Vgl. Schopenhauer, Die Welt als Wille und Vorstellung, Ausgabe letzter Hand (1859) S. 4, 5.

[149]) Fischer, a. a. O. S. 18 ff.

Und noch in einem dritten Sinne spricht man von Identität. „Sofern wir Eigenschaften verschiedener Dinge abstrahierend nur nach ihrem Inhalte vergleichen, können wir auch noch sagen, die Farbe eines Stoffes sei dieselbe wie die eines anderen, die Länge eines Stabes dieselbe wie die eines zweiten; die Stoffe und Stäbe sind darum aber nicht identisch, sondern nur in bestimmter Beziehung gleich. Ebenso reden wir in der Diplomatie von identischen Noten, wenn der Wortlaut, der jetzt, abgesehen von der Vielheit der Schriftstücke nur seinem Inhalte nach betrachtet wird, derselbe ist.“[150])

Wo im Leben darüber hinaus von Identität die Rede ist, wo man von „partieller Identität“, „relativer Identität“ u. dgl. spricht, handelt es sich in Wirklichkeit nicht um Identität, sondern um Gleichartigkeit.[151]) Diese Fälle müssen für den philosophischen Identitätsbegriff ausgeschieden werden, wenn der Identitätsbegriff seinen Wert behalten soll.[152])

— Um die Identität der Vorstellungen festzustellen, d. h. um zu erkennen, dass eine zweite Vorstellung mit einer früheren Vorstellung in allen Merkmalen und Teilinhalten vollständig übereinstimme, ist es notwendig, überall dort, wo komplizierte Vorstellungen bzw. Summen von Vorstellungsinhalten vorliegen, diese komplizierten Vorstellungen in ihre Teilinhalte zu zerlegen und dann die Teilinhalte miteinander zu vergleichen. Nur so ist es möglich, zu genauen Ergebnissen zu gelangen.

Die Schwierigkeit bei der Feststellung der Identität von Vorstellungen wird meist unterschätzt. Es wird fast

---

[150]) Entnommen Sigwart, a. a. O. I S. 109, 110.

[151]) Vgl. auch S. 70 dieses Buches.

[152]) Vgl. Sigwart, a. a. O. I S. 110.

stets übersehen, dass auch unsere Vorstellungen sich häufig unmerklich verändert haben (von Fällen des Irrtums und ähnlichen Komplikationen sehe ich hier vollständig ab). Nie darf übersehen werden, dass alle Identitätsfeststellung nur Stückwerk bleibt. Auf die Unterschätzung dieser Schwierigkeit ist es zurückzuführen, dass die Feststellung der Identität häufig nicht über die Feststellung einer von individueller Selbigkeit wesentlich verschiedenen Gleichartigkeit hinauskommt.

2. In der Jurisprudenz.

Das Gesetz bedeutet nichts anders als eine Summe von Vorstellungsinhalten. Die Identitätsfrage lässt sich mithin für alle aus dem Gesetz abgeleiteten Vorstellungsinhalte wie für das Gesetz selbst in der vorhin angegebenen Weise beantworten. Waller[153]) meint: „Eine Rechtsnorm bleibt stets mit sich identisch und ebenso das ihr entsprechende subjektive Recht. Die Lösung des Identitätsproblems lautet also hier einfach: „Gleiche Norm, gleiches subjektives Recht.“ Waller findet aber dann, dass damit die Sache noch nicht erledigt ist, dass die Frage nach der Identität der subjektiven Rechte — ich behandle hier nur obligatorische Ansprüche — doch verwickelter ist.

Zunächst ist festzustellen, was für eine (logische, praktische?) Identität gemeint ist, wenn vom Identitätsproblem in der Jurisprudenz die Rede ist? Geht man dieser Untersuchung nach, so zeigt sich sofort eine Schwierigkeit, die uns so häufig im positiven Recht begegnet. Das Gesetz selbst bestimmt in einzelnen Fällen, dass hier Identität von Ansprüchen vorliege und löst für diese Fälle das Identitätsproblem durch ein Machtwort. Eine solche Bestimmung

[153]) Waller, a. a. O. S. 59.

ist z. B. ZPO. § 268.[154]) Man vgl. auch § 894 des I. Entw. zum BGB., BGB. § 950 I (l. 7 § 7 D. 41. I usw.[155])). Hier musste auch zu der schwierigen, bekannten Streitfrage Stellung genommen werden, ob nach Übergang von Schuldverhältnissen auf andere Subjekte noch davon gesprochen werden kann, dass die Identität des Schuldverhältnisses (Crome, BR. II S. 319) gewahrt blieb. Das BGB. hat diese Frage bejaht. Damit ist für das geltende Recht der Streit entschieden. Aber wenn hier von Identität die Rede ist, so darf nicht vergessen werden, dass es sich nicht um logische Identität, sondern nur um Identität kraft Gesetzes handelt.

Für das gemeine Recht lehrte Windscheid § 64 Note 6; § 121 Note 10; § 327 Note 1, und besonders § 329 Note 10, man könne, wenn darüber Einverständnis herrsche, dass (bei der Rechtsnachfolge!) für den Rechtsnachfolger alles wahr sei, was für den Rechtsvorgänger wahr war und dass eben nichts sich geändert habe, als das Subjekt, zugestehen, dass es jedenfalls ein bequemer Ausdruck sei, zu sagen, das Recht sei hier dasselbe geblieben. Aber war es irgendwie unbequemer, hier in richtiger Würdigung der rechtlichen Verhältnisse von gleichartigen Ansprüchen zu sprechen? An der Trennung von Identität und Gleichartigkeit muss u. E. für die Jurisprudenz unter allen Umständen festgehalten werden.

Schollmeyer, BR., S. 357; Planck, BR. II, S. 269; Staudinger, BR. II, zu § 398; Eck, BR. I, S. 385; Stammler, S. 180 ff., lehren, dass bei der Übertragung der Forderung auf einen neuen Gläubiger die objektive Seite des Schuldverhältnisses unberührt bleibe, und dass nur subjektiv eine

---

[154]) Darauf wiesen bereits Fischer und v. Schey, a. a. O. hin.

[155]) Ich schlage vor, hier von „Identität kraft Gesetzes“ zu sprechen.

Änderung eintritt. Mit Recht hebt Leonhard bei Eck a. a. O. Anm. 2 hervor, dass diese Unterscheidung streng genommen unhaltbar ist. Man kann sich eine objektive Seite des Schuldverhältnisses, die nicht die Subjekte mit umfasst, nicht denken. Die logische Identität ist aufgehoben, wenn sich eines der Subjekte ändert. Auch die 3 bekannten Fälle von Zessionsbeschränkungen zeigen dies deutlich. Aber das Gesetz hat den Bedürfnissen des Lebens entsprechend entgegen den Postulaten der strengen Logik entschieden. Das Verhältnis ist aufgeklärt, wenn man von Identität kraft Gesetzes spricht.[156])

— Was für eine Identität (praktische? logische? Identität) ist gemeint, wenn im Recht der Schuldverhältnisse von Identität gesprochen wird?

Auch hier bildet — darüber herrscht heute Einstimmigkeit[157]) — die scharfe Trennung der Einzelberechtigungen von dem Grundverhältnis die Voraussetzung jeder fruchtbaren Arbeit. Wir müssen scheiden zwischen der zugrunde liegenden Obligation und der aus ihr entspringenden Forderung (Einzelberechtigung, Anspruch), und dann im einzelnen bei dem Grundverhältnis wie bei dem einzelnen Anspruch das Identitätsproblem lösen.

a) Identität bei Forderungen (Ansprüchen).

α) Allgemeines.

„Forderungen und sonstige Ansprüche (auf eine Leistung) sind (im juristischen Sinne[158])) identisch, wenn

[156]) Genaue Literaturangaben bei Planck und Schollmeyer, a. a. O.; vgl. auch Zitelmann, Internationales Privatrecht II 2 S. 395.

[157]) Vgl. dazu die Literaturnachweise bei Waller, a. a. O. S. 60 ff.

[158]) Hellwig, Lehrbuch des deutschen Zivilprozessrechts. § 37 stellt der jur. Identität von Ansprüchen die wirtschaftliche Identität von Ansprüchen gegenüber. Dazu vgl. S. 53 ff. dieses Buches.

1. die beteiligten Personen,
2. der Inhalt der Leistung,
3. der Grund der Leistung

gleich sind."[159]) Sie sind also nicht identisch und zeigen ihre Selbständigkeit in ihrer materiellrechtlichen Entwicklung wie in ihrer prozessualen Geltendmachung, wenn

1. die beteiligten Personen (Berechtigter und Verpflichteter) verschieden sind, mögen auch der Grund der einen zu bewirkenden Leistung und der Inhalt der Forderung derselbe sein;[160])
2. die beteiligten Personen identisch sind, der Inhalt der Leistung aber verschieden ist, selbst, wenn die Bedürfnisbefriedigung, um die es sich handelt,[161]) dieselbe ist;[162])
3. wenn der Entstehungsgrund verschieden ist.[163])

---

[159]) Hellwig, a. a. O. § 37 IV.

[160]) Daher keine identischen Ansprüche bei: Gesamtschulden, Mitberechtigungen, Mitgläubigerschaft, Gesamtgläubigerschaft, Gemeinschaft zur gesamten Hand, bei der Konkurrenz der Forderung des Verpfänders und des Tochterrechts des Pfandgläubigers; daher nicht identisch die Ansprüche gegen das sogenannte Sondervermögen und freies Vermögen, vgl. Dernburg I § 135; dort ist die gemeinrechtliche Literatur zitiert; Crome, BR. I § 35 S. 181; vor allem Hellwig, a. a. O., auf den wir besonders verweisen.

[161]) Z. B.: Die Ansprüche des Käufers auf Wandlung und Minderung dienen dem gleichen Interesse des Käufers, ohne aber identisch zu sein; vgl. Hellwig, a. a. O.

[162]) a. A. Windscheid, § 121 Note 10.

[163]) Diese Verschiedenheit des Entstehungsgrundes liegt einmal vor, wenn es sich bei dem Entstehungsgrund der Ansprüche nicht um ein und denselben äussern Hergang handelt, aber auch dann, wenn der äussere Hergang zwar ein und derselbe ist, seine Wirkungen aber sich in verschiedenen Rechtssphären äussern. Z. B. durch ein und dasselbe Delikt wird in die Rechtssphären zweier Personen eingegriffen. Näheres bei Hellwig, a. a. O.

Hervorzuheben bleibt, dass reine Gesetzeskonkurrenz die Identität von Ansprüchen nicht ausschliesst.[164]) Damit sind die allgemeinen Regeln, die für die Feststellung der Identität von Ansprüchen gelten müssen, bereits gegeben. Sie im einzelnen zu vertiefen ist Zweck der folgenden Erörterungen.

β) Im einzelnen:

Welche der möglichen Arten von Identität können bei Ansprüchen vorkommen?

αα) Die logische absolute Identität setzt vollständige Übereinstimmung in allen Merkmalen und Teilinhalten voraus. Ansprüche sind also absolut identisch, wenn sie in allen Merkmalen und Teilinhalten vollständig übereinstimmen. Eine solche logische absolute Identität spielt für die Jurisprudenz keine Rolle,[165]) was seinen tieferen Grund darin hat, dass der Anspruch etwas Lebendes ist,[166]) dass er, wenn er den Zwecken, denen er im Rechtsleben dient, gerecht werden soll, Veränderungen, Umwandlungen durchmachen können muss.[167]) Vergleichen wir daher den einzelnen Anspruch in verschiedenen Entwicklungsphasen,

---

[164]) Näheres bei Hellwig, a. a. O. § 37 S. 266 und Anm. 59.

[165]) Logische (absolute) Identität wird nirgendwo vom Gesetz verlangt.

[166]) Bei den sofort nach ihrer Entstehung zu erfüllenden Ansprüchen ist absolute logische Identität möglich, weil hier die beiden Momente, in denen wir den Anspruch auf seine individuelle Selbigkeit nachprüfen, zeitlich sehr nahe zusammenliegen, und hier Veränderungen des Anspruchs nicht angenommen werden können.

[167]) Waller betont dies nur für die zusammengesetzte Obligation, nicht aber für die einzelne Forderung. Ich halte Wallers Beurteilung der Hellwigschen Ausführungen (Waller, a. a. O. S. 63 Anm. 1) für unrichtig; Hellwigs Untersuchungen über Identität von Einzelansprüchen sind zutreffend und fruchtbar. Für die Identität der Grundverhältnisse hat Waller einige wertvolle Gesichtspunkte eröffnet.

so werden wir fast immer Veränderungen an ihm wahrnehmen, die die Annahme einer absoluten (logischen) Identität ausschliessen.

ββ) Bei der praktischen Identität ist die Verschiedenheit des individuell selbigen Objekts zu verschiedenen Zeiten nicht ausgeschlossen. Die praktische Identität ist die vom Gesetz geforderte und mithin wichtigste. Schon vorhin wies ich darauf hin, dass der Anspruch wie alles Lebende Veränderungen unterliegt. Worin können diese Veränderungen, diese Verschiedenheiten zu verschiedenen Zeiten bestehen? — Da die Personen, „dieses völlig individuelle Letzte",[108]) sich gleich bleiben müssen, wenn nicht die individuelle Selbigkeit des Anspruchs aufgehoben werden soll, da fernerhin einmal der Entstehungsgrund gegeben ist, anderseits eine Umwandlung des Anspruchs (auch bei völliger Gleichheit des neuen Anspruchs) den primären Anspruch beenden also seine individuelle Selbigkeit aufheben würde, so kann bei der für die praktische Identität zugelassenen Verschiedenheit nur an eine „Verschiedenheit des Anspruchs - Inhalts zu verschiedenen Zeiten" gedacht sein.

Welcher Spielraum ist für diese Inhaltsänderung des Anspruchs gelassen?

Wir fanden bei unserer Erörterung über die „praktische Identität" in der Philosophie, dass wir von ein und demselben Baum reden, gleichviel ob er kahl oder belaubt ist, von ein und derselben Person, mag sie Jüngling oder Greis sein. Wir leugnen damit selbstverständlich nicht, dass die Merkmale und Teilinhalte z. B. des Baumes in den verschiedenen Zeiten verschieden sind. Wenn wir trotzdem von Identität sprechen, so geschieht dies, weil wir aus

---

108) Vgl. Zitelmann, Irrtum und Rechtsgeschäft S. 472.

Erfahrung den Lebensprozess eines Baumes mit seinen verschiedenen Lebensäusserungen kennen, weil sein Lebensprinzip dasselbe bleibt, weil eine ungeheure Unsicherheit in unsern Vorstellungen und Bezeichnungen eintreten würde, wenn wir hier nicht mit einem gröberen Identitätsbegriff arbeiteten und die Veränderungen vernachlässigten.

Für den Anspruch ergeben sich daraus analog folgende Konsequenzen. Wir sprechen von einem individuell selbigen Anspruch, mag er auch zu verschiedenen Zeiten befristet oder unbefristet, bedingt oder unbedingt sein, wofern er nur dasselbe Lebensprinzip behält. Dieses Lebensprinzip ist aber — über „Umwandlung des Anspruchs in einen vollständig gleichen Anspruch" und „Identität" habe ich bereits gesprochen — der Zweck der Forderung, die spezielle Bedürfnisbefriedigung des Gläubigers. Solange der Anspruch zwischen denselben Personen bestehend und auf demselben Entstehungsgrunde beruhend demselben Zwecke dient, bleibt er trotz aller Modalitäten individuell selbig. Ich gelange hier zu demselben Ergebnis wie Fischer, der auch die Identität des Rechtsinstituts zu verschiedenen Zeiten auf die Identität des Zwecks zurückführt.[169])

γγ) Mit dieser „praktischen Identität" darf die „Identität des Zwecks bei verschiedenen Ansprüchen" nicht verwechselt werden. Bereits auf S. 71 dieses Buches wies ich darauf hin, dass wir noch in einem dritten Sinne von Identität sprechen, insofern wir Eigenschaften usw. verschiedener Dinge abstrahierend nur nach ihrem Inhalte vergleichen und dann sagen, dass z. B. die Farbe zweier Stoffe gleich, der Inhalt zweier Noten identisch ist usw. Aber damit wird die Verschieden-

---

[169]) Vgl. Fischer, a. a. O. S. 73.

heit der Dinge, deren bestimmte Eigenschaft wir abstrahierend vergleichen, nicht im mindesten in Zweifel gezogen. Die Dinge bleiben verschieden, und wenn häufig im Leben auch hier leider (pars pro toto) von identischen Dingen gesprochen wird, so empfiehlt es sich sicherlich nicht, für die Jurisprudenz eine solche ungenaue Ausdrucksweise zu übernehmen.[170])

Betrachteten wir vorhin ein und denselben Anspruch in verschiedenen Entwicklungsphasen, so handelt es sich jetzt darum, bei verschiedenen Ansprüchen eine bestimmte (entsprechende) Beziehung zu abstrahieren und miteinander zu vergleichen. Diese Beziehung kann nur der Inhalt des Anspruchs, genauer der Zweck des Anspruchs sein.

Die Identität des Zwecks bei verschiedenen Ansprüchen ist neuerdings mehrfach untersucht worden. Diese Lehre ist für Praxis und Theorie von grösster Bedeutung, für unsere Untersuchung über Zweckerreichung grundlegend. Gute Ausführungen über diese Lehre finden sich bei Rappaport.[171]) Im einzelnen kann ich die Lehre erst im kasuistischen Teile meines Buches behandeln. Hier gilt es nur die grundlegenden Sätze über die Identität des Zwecks bei verschiedenen Ansprüchen aufzustellen.

Identität des Zwecks bei verschiedenen Ansprüchen! Wo kommt sie vor? Wie lässt sich das Problem noch deutlicher formulieren?

Jeder Anspruch zielt auf Bedürfnisbefriedigung des

---

[170]) Wäre Hartmanns Auffassung von der Bedeutung des Zweckmoments für die Forderung zutreffend, so könnte die Trennung von „praktischer Identität“ und Identität des Zwecks bei verschiedenen Ansprüchen u. U. schwierig sein.

[171]) Vgl. Rappaport, a. a. O. S. 167 ff.

Gläubigers, d. h. er will zunächst dem Gläubiger ein gewisses konkretes Gut — z. B. eine Sache, einen Dienst — verschaffen, dadurch aber weiter eine bestimmte Bedürfnisbefriedigung beim Gläubiger erzielen. Sprechen wir daher von Identität des Zwecks bei verschiedenen Ansprüchen, so dürfen wir niemals uns damit begnügen, den nächsten realen Zweck festzustellen, wir müssen vielmehr stets zum entfernteren realen Zweck (fälschlich meist „wirtschaftlicher" Zweck genannt)[172]) vordringen[173]). Denn nur dann, wenn wir den ganzen (letzten) Inhalt der zu vergleichenden Ansprüche festgestellt und gefunden haben, dass die Bedürfnisbefriedigung, die aus beiden Forderungen geschuldet wird, eine und dieselbe ist, dass also das Ergebnis der Erfüllung der Forderung a für den Gläubiger ein in jeder Beziehung gleich günstiges ist, wie das Ergebnis der Erfüllung der Forderung b, kann von Zweckidentität der Forderungen die Rede sein.[174]) Diese Feststellung kann im einzelnen Falle mit erheblichen Schwierigkeiten verbunden sein.

Wann liegt meistens „Identität des Zwecks bei verschiedenen Ansprüchen" vor?

Wir nennen hier nur die Fälle, in denen wie bei der Gesamtschuld oder bei der Bürgschaft (im Falle der Befriedigung des Gläubigers durch den Hauptschuldner) die Mehrheit von Ansprüchen mit identischem Zweck (Idealkonkurrenz von Ansprüchen!) die Erreichung dieses bestimmten (von allen Ansprüchen aufgenommenen) identischen Zwecks möglichst sichern will. Im übrigen verweisen wir auf den kasuistischen Teil dieses Buches.

---

[172]) Darüber habe ich bereits früher in diesem Buche gesprochen.

[173]) Vgl. besonders Rappaport, a. a. O. S. 167 ff.; dort gute Literaturangaben, S. 174 Anm. 2; auch Binder, a. a. O. ist zu vgl.

[174]) Vgl. Windscheid, § 343a, 2.

(Man könnte in gewissem Sinne auch die Erscheinung der „Umwandlung des Anspruchs in einen andern Anspruch gleichen Inhalts" hierherrechnen, etwa so, dass man vollständig abstrahierend die Ansprüche als solche mit Vernachlässigung ihres innern Zusammenhangs, ihrer Wirkung aufeinander, vergliche. Man würde dann finden, dass die beiden Ansprüche, die dadurch entstehen, dass z. B. der gewöhnliche Leistungsanspruch in einen Interessenanspruch umschlägt,[175]) miteinander inhaltlich identisch sind. Jedoch werden diese Fälle von Zweckidentität bei Ansprüchen nicht unter die Fälle der „Ansprüche mit identischem Zweck" im juristisch-technischen Sinne miteinbegriffen. Bei der Umwandlung eines Anspruchs in einen inhaltsgleichen andern Anspruch handelt es sich um nacheinander entstandene inhaltsgleiche Ansprüche; der Anspruch a erlischt, damit der neue inhaltsgleiche lebensfähige Anspruch a' entstehen kann.[176]) Bei den Ansprüchen mit identischem Zweck im juristisch-technischen Sinne handelt es sich nur um nebeneinander wirkende Ansprüche mit identischem Zweck.[177]))

---

[175]) Vgl. auch z. B. § 473 Satz 1 BGB.

[176]) Diese Erscheinung ist im einzelnen so zu denken: Der Anspruch verfolgt einen bestimmten Zweck. Kann er diesen Zweck nicht mehr in primärer Gestalt erreichen, so ist er vom Gesetzgeber so gedacht, dass er dann untergeht, um in einer neuen lebensfähigeren, passenden Form wieder aufzutauchen. — Hier zeigt sich deutlich, dass der Vergleich zwischen Recht und Natur nicht bloss geistreich ist, sondern eine innere Wesensverwandtschaft zwischen Recht und Natur zur Grundlage hat. Handelt es sich doch hier um Übertragung der Denkform, in der wir den Wandel in der Natur (jede Arbeit, jede Kraftentwicklung verschwindet, um in anderer Form wieder aufzutauchen), auffassen, auf das juristische Gebiet. (Vgl. Zitelmann, Irrtum und Rechtsgeschäft S. 200.) — Beispiele BGB. §§ 364 und 607 II. —

[177]) Vgl. aber auch S. 73 dieses Buches.

b) Identität bei Schuldverhältnissen.[178])

α) Allgemeines.

Bei der Beantwortung der Frage nach der Identität von Schuldverhältnissen können wir uns erheblich kürzer fassen. Vieles aus der Lehre von der Identität bei Ansprüchen lässt sich hier ohne weiteres übernehmen.

Vor allem kommen hier auch unsere Ausführungen über die Struktur des zusammengesetzten Schuldverhältnisses in Betracht.[178]) Nichts ist abwegiger, als die noch immer vertretene Auffassung, das Schuldverhältnis sei identisch mit der Summe der aus ihm fliessenden einzelnen Befugnisse. Leben ist mehr als die Summe von Lebensäusserungen. Das Schuldverhältnis ist dem Lebensverhältnis nachgedacht und dementsprechend als lebende Kraft geschaffen.[179—180])

Wäre es nur die Summe von Ansprüchen, so wären unsere Untersuchungen über Identität bei Schuldverhältnissen überflüssig.

Schuldverhältnisse sind identisch, wenn

1. die beteiligten Personen,
2. der Inhalt des Schuldverhältnisses,
3. der Entstehungsgrund des Schuldverhältnisses

gleich sind.[181]) Darüber findet sich weder im Gesetz noch in der Literatur etwas Eingehendes. Wir folgern dies

---

[178]) Vgl. auch S. 21ff. dieses Buches.

[179]) So besonders entschieden Crome, BR. I § 29 4.

[180]) Vgl. auch Waller, a. a. O. S. 60 Anm. 2; Die Ausführungen Wallers über die Lehrmeinung Zitelmanns (Int. Priv. I S. 44) halte ich mit Rücksicht auf spätere Ausführungen Zitelmanns (Int. Priv. II 2 S. 365 ff.) für ein Missverständnis der Zitelmannschen Lehrmeinung. Überhaupt ist diese Anm. bei Waller unklar gefasst.

[181]) Vgl. S. 74ff. dieses Buches.

aus den allgemeinen Grundsätzen über Rechtsverhältnisse.[182])

β) Im einzelnen.

Welche von den möglichen Arten von Identität können bei Schuldverhältnissen vorkommen?

αα) Ist schon beim einzelnen Anspruch nur in den seltensten Fällen eine Übereinstimmung sämtlicher Merkmale und Teilinhalte — logische Identität — festzustellen, weil der Anspruch Veränderungen unterworfen ist, so gilt dies erst recht für die zusammengesetzten Schuldverhältnisse. Soll das Schuldverhältnis seinen Zwecken gerecht werden, so muss es in seinen Teilinhalten Umwandlungen durchmachen können, d. h. dem Wechsel unterworfen sein.[183]) Dies schliesst aber eine logische (abstrakte) Identität von Schuldverhältnissen aus.[184])

ββ) Hingegen kann von einer praktischen Identität des Schuldverhältnisses die Rede sein. Bei der praktischen Identität ist eine Verschiedenheit des individuell selbigen Objekts zu verschiedenen Zeiten nicht ausgeschlossen. Worin können diese Verschiedenheiten des Schuldverhältnisses zu verschiedenen Zeiten bestehen? Hier ist mit gleicher Begründung, wie bei der praktischen Identität von Ansprüchen, zu antworten, dass bei der für die praktische Identität zugelassenen Verschiedenheit nur an eine Verschiedenheit des Inhalts des Schuldverhältnisses gedacht sein kann.[185]) Wie ist dies im einzelnen zu denken? Was bedeutet es, wenn wir von einer Verschiedenheit des Schuldverhältnisses zu verschiedenen Zeiten sprechen, wenn

[182]) Vgl. auch Waller, a. a. O.

[183]) Vgl. S. 21 ff. dieses Buches.

[184]) Vgl. S. 76 dieses Buches.

[185]) Vgl. S. 77 dieses Buches.

gelehrt wird, der Normenkomplex, dem das subjektive (in den einzelnen Ansprüchen ausstrahlende) Recht des Gläubigers auf Bedürfnisbefriedigung entspricht, sei kein unveränderlicher?

Es bedeutet zunächst,

dass zu den ursprünglich wirkenden Normen,[186]) aus denen der sogenannte primäre Inhalt eines Rechts entfliesst, bei einer Veränderung des Lebensverhältnisses[187]) neue Normen ausgelöst werden können, anderseits andere (ursprüngliche) Normen absterben.[188])

Es bedeutet dann fernerhin,

dass sich das den Normen entsprechende subjektive Recht diesen konform wandelt.

Waller meint nun, man könne hier nicht von Identität reden: „Was man da als Identität zu bezeichnen pflegt, ist vielmehr nur der Umstand, dass eine gewisse Anzahl von Normen, die die frühere Rechtslage mit gebildet haben, auch bei der jetzt bestehenden Rechtslage wieder mit wirksam sind. Man könnte das auch partielle Gleichförmigkeit oder irgendwie anders nennen. Es handelt sich insbesondere darum, dass die von der Rechtslage einer Person abhängigen anderen Rechtslagen dieser Person selbst und anderer Personen durch die Verwandlung jener Rechtslage nicht aufgehoben werden, dass also Pfandrechte, Bürgschaften usw. weiterbestehen. Nur dadurch, dass man stets die ‚Kategorie der Dingheit' auf das subjektive Recht anwendet und darüber vergisst, dass die ‚Rechte trotz aller Realität nichts Körperliches, sondern nur das Ergebnis menschlichen Denkens sind', kommt man dazu,

---

[186]) Jedem subjektiven Anspruch entspricht eine Norm.

[187]) Dem das Rechtsverhältnis konform nachgedacht ist.

[188]) Vgl. S. 25 dieses Buches.

die Gleichartigkeit der Rechte Identität zu nennen und von einem ‚juristischen Stoffwechsel im Körper des Rechts‘ zu reden. Denn das ist ja gerade der Unterschied zwischen dem gedachten und materiellen ‚Ding‘, dass das gedachte Ding nur in seinem Begriffe existiert und dass seine Veränderung also Zerstörung des Begriffs bedeutet, oder richtiger angeschaut, dass die abstrakten Begriffe im Gegensatz zu den konkreten kein materielles Substrat besitzen, dessen Wandlung den Begriff nicht berührt.“

Er formuliert daher die Frage nach der Identität von Rechten wie folgt: „Welches sind die Gleichartigkeiten der verschiedenen subjektiven Rechtslagen, die aus einem Institut des positiven Rechts entspringen können, und stehen etwa diese Gleichartigkeiten in gewissen gesetzmässigen Beziehungen zueinander?“[189])

Wir können diesen Ausführungen Wallers nicht zustimmen. Selbstverständlich handelt es sich für uns niemals um einen Streit wegen der Terminologie „Identität“ oder „Gleichartigkeit“. Hielten wir Wallers Ausführungen inhaltlich für richtig, so würden wir, allein schon um eine Festigung der Terminologie in dieser Lehre zu fördern, gerne seine Terminologie übernehmen. Haben wir doch gerade in letzter Zeit für die causa-Lehre mehrmals auf die Notwendigkeit einer einheitlichen Kunstsprache hingewiesen.[190]) Der Meinungsstreit geht tiefer.

Die juristischen Vorstellungen sind den Vorstellungen, in denen wir die Natur erfassen, nachgebildet. Sprechen wir daher von Entstehung, Änderung, Umwandlung, Endigung eines Rechts, so bedeutet dies, dass wir die Vorstellungen über die Vorgänge (Werden, Wandlung und Ver-

---

[189]) Vgl. Waller, a. a. O. S. 61—63.

[190]) Zuletzt in der HessRspr. 1905, Januarnummer.

gehen) in der Natur konform auf die rechtlichen Vorstellungsinhalte übertragen.

Hierbei ist zweierlei zu berücksichtigen:

1. Einmal ist stets daran festzuhalten, dass die Begriffe „Endigung“ usw. . . . eines Rechts Nachbildungen sind;

2. anderseits ist, wie bereits mehrfach geschehen, zu betonen, dass diese Nachbildungen nicht bloss verdeutlichen wollen, dass vielmehr eine Wesensverwandtschaft zwischen Recht und Natur die Grundlage bildet. Auch ist zu bedenken, dass sich im Bilde manches ausdrücken lässt, was sich sonst wohl schwerlich so deutlich wiedergeben lässt.

Bei der „praktischen Identität“, die wir der praktischen Identität in der Philosophie nachgebildet haben, bringen wir etwas zum Ausdruck, was sich bei Wallers Fragestellung verflüchtigt — das einheitliche Lebensprinzip im Rechts- im Schuldverhältnis, seinen kontinuierlichen Fortbestand bis zu einem die Obligation als Ganzes treffenden Endigungsgrund. U. E. tritt diese so wichtige Einheit und Selbigkeit des Schuldverhältnisses trotz der Veränderung seiner Teilinhalte zu verschiedenen Zeiten vollständig zurück, wenn man etwa mit Waller sagen würde, dass eine bestimmte Anzahl Normen, die das frühere Recht gebildet haben, auch bei dem jetzt bestehenden Rechte wieder mit wirksam sind. Ich verdeutliche das Gesagte noch an dem bereits von mir erwähnten folgenden Beispiel.

Sprechen wir von ein und demselben Baume, gleichviel ob er kahl oder belaubt ist, so sagen wir damit, dass bei allen unsern Vorstellungen über dieses Objekt die Selbigkeit des Vorgestellten trotz einzelner Verschiedenheiten so mächtig hervortritt, dass wir ohne Bedenken hier von Identität sprechen. Dieselbe gedankliche Tätigkeit liegt vor, wenn wir beim Rechtsverhältnis, das als einheitliche Kraft zur Erzielung der Bedürfnisbefriedigung des Gläubigers gedacht und gewollt ist, von Selbigkeit sprechen, mag es nun in seinen Teilinhalten zu verschiedenen Zeiten gleich sein oder nicht.

Die praktische Identität von Schuldverhältnissen liegt also nicht vor, wenn das Schuldverhältnis als Ganzes umgewandelt wird, mag auch der Inhalt des neuen Schuldverhältnisses vollkommen dem Inhalt des primären Schuldverhältnisses entsprechen. (Über die in diesen Fällen mögliche Identität des Zwecks vgl. unsere Ausführungen sub γγ und S. 73.)

γγ) Schuldverhältnisse mit identischem Zweck! — Den Ansprüchen mit identischem Zweck entsprechen die Schuldverhältnisse mit identischem Zweck. Für sie gelten im allgemeinen unsere Ausführungen über Ansprüche mit identischem Zweck.

Nur zweierlei sei an dieser Stelle noch besonders hervorgehoben!

1. Während man, um die Identität des Zwecks bei Ansprüchen festzustellen, stets auf den entfernteren realen Zweck des Schuldverhältnisses, dem der Anspruch entspringt und angehört, eingehen muss, fällt dies naturgemäss für Schuldverhältnisse, bei denen die Identität des Zwecks festgestellt werden soll, weg. Hier sind ja bereits die entfernteren realen Zwecke, die miteinander verglichen werden sollen, gegeben.

2. Für die Praxis tritt die Zweckidentität bei Schuldverhältnissen an Bedeutung weit hinter die Zweckidentität bei Ansprüchen zurück, weil das Schuldverhältnis sich meist allmählich abwickelt und folglich nach jeder Tilgung eines Anspruchs aus dem einen Schuld-

verhältnisse nachzuprüfen ist, wie diese Anspruchstilgung auf das andere Schuldverhältnis gewirkt hat. Die Feststellung der Zweckidentität bei Schuldverhältnissen hat daher meist nur folgende Bedeutung. Steht fest, dass das Schuldverhältnis a wirklich erloschen ist, d. h. dass die volle Bedürfnisbefriedigung des Gläubigers erzielt ist, so ergibt sich daraus für uns mit Sicherheit, dass das Schuldverhältnis a' mit identischem Zweck nicht mehr wirken kann und folglich in sich zusammenbrechen (erlöschen) muss.[191])

Auch hier sei betont, dass Schuldverhältnisse mit identischem Zweck in ihrer Entwicklung selbstverständlich keineswegs konform sein müssen, keineswegs also die einzelnen Ansprüche (Lebensäusserungen) des einen Schuldverhältnisses korrespondierende Ansprüche in dem andern Schuldverhältnis haben müssen. Kann doch der Zweck, dem beide Schuldverhältnisse dienen, auf verschiedene Weise erreicht werden.

b) Gleichartigkeitsproblem.

Aus Gründen der Systematik unterschieden wir auf S. 67 dieses Buches zwischen Identität und Gleichartigkeit. Nachdem wir das für die Rechtswissenschaft im allgemeinen und speziell für unser Zweckerreichungsproblem allein wichtige Identitätsproblem genau abgegrenzt haben, ist eine Erörterung über den Begriff der Gleichartigkeit überflüssig. Nur dann, wenn man (wie dies geschehen) die „Ansprüche mit identischem Zweck" als „gleichartige Ansprüche" bezeichnen würde, wäre eine Definition des „Gleichartigkeitsbegriffs" geboten. Aber solch ungenaue, das Wesen der „Ansprüche mit identischem Zweck" nicht

---

[191]) Vgl. S. 42/3 dieses Buches.

kennzeichnende Ausdrucksweise dürfte sich nicht empfehlen. Damit ist auch die auf S. 67 dieses Buches aufgeworfene Frage entschieden.

II. Anwendung der Ergebnisse.

Inwieweit ist die Lösung des Identitätsproblems Voraussetzung für die Lösung des Problems der Zweckerreichung? Oder genauer: Welche Identität setzt die Zweckerreichung voraus? Darauf gibt bereits die auf S. 67 des Buches gestellte Frage:

> „Welchen Einfluss übt auf den Bestand der Obligation der Umstand aus, dass durch ein nicht auf die Obligation gerichtetes Verhalten des Schuldners oder eines dritten ein der aus der Obligation geschuldeten Bedürfnisbefriedigung gleicher Erfolg erreicht wird?"

die allgemeine Antwort. Es handelt sich — das braucht nicht lange begründet und bewiesen zu werden — um Identität des Zwecks bei mehreren Obligationen (Ansprüchen und Schuldverhältnissen[192])). Setzt doch die „Wirkung der Zweckerreichung" eine Mehrheit von Obligationen voraus.

Was besagt der Kunstausdruck „Untergang der Obligation durch Zweckerreichung"? Wie wurde dieser Begriff gewonnen, wo wird dieser Begriff als erklärendes Prinzip angewandt? Man geht bei dieser Untersuchung am besten von Windscheids[193]) Erörterungen über Zweckerreichung aus:

„Wenn der Gläubiger dasjenige, was er zu fordern hat, zwar erhalten hat, aber nicht auf sein Forderungsrecht,

---

[192]) Vgl. dazu S. 88 dieses Buches.

[193]) Vgl. Windscheid, § 343a.

sondern auf ein anderes Forderungsrecht oder überhaupt nicht auf ein Forderungsrecht, so darf man nicht sagen, dass das Forderungsrecht des Gläubigers erfüllt sei. Aber obgleich es nicht erfüllt ist, ist es dennoch untergegangen, weil es dem Gläubiger nur deswegen gegeben war, damit er erhalte, was er nun hat. Die näheren Bestimmungen dieses Satzes sind folgende:

1. Dass der Gläubiger erhalten habe, was er zu fordern hat, darf nicht schon dann gesagt werden, wenn er eine Leistung gleichen Inhalts erhalten hat, wie diejenige ist, welche er zu fordern hat, sondern nur dann, wenn derselbe konkrete Erfolg hergestellt ist, auf dessen Herstellung sein Forderungsrecht ging.

2. Der Gläubiger muss dasjenige, was er zu fordern hat, nicht bloss überhaupt erhalten haben, sondern auch mit dem gleich günstigen Resultat für sein Vermögen, welches stattgefunden haben würde, wenn er es auf sein Forderungsrecht erhalten hätte. Ist dies nicht der Fall, so dauert sein Forderungsrecht fort auf die Differenz."[194])

In diesen Sätzen sind die allgemeinen Voraussetzungen der Zweckerreichung — Windscheid behandelt vornehmlich das Problem an dem Falle des concursus duarum causarum lucrativarum[195]) — richtig angegeben.

Unrichtig ist dagegen u. E. die Begründung des Problems der Zweckerreichung, die Windscheid vorschlägt.

Windscheid bekämpft hier zunächst die später noch zu behandelnde, von Hartmann[196]) siegreich widerlegte Unmöglichkeitstheorie von Mommsen,[197]) Rümelin,[198])

[194]) Vgl. Windscheid, a. a. O.

[195]) Vgl. S. 143 ff. dieses Buches.

[196]) Vgl. Hartmann, a. a. O. S. 1—114.

[197]) Vgl. Beiträge zum Obligationenrecht, I S. 255—262, III S. 413-415.

[198]) Vgl. Rümelin, Göttinger gel. Anzeigen, 1876 S. 929 ff.

Brinz;[199]) dann polemisiert er gegen Hartmanns Auffassung, dass mit der Erreichung des Zwecks der Obligation auch die Obligation selbst erfüllt sei, m. a. W., dass die Obligation auch in den Fällen der Zweckerreichung deswegen untergegangen sei, weil geschehen sei, was sie wolle,[200]) und gelangt schliesslich unter Berufung auf l. 21 § 1 D. 32 und in Anlehnung an Arndts[201]) und Schmidt[202]) zu folgendem Resultate: Das Forderungsrecht geht in den Fällen der Zweckerreichung unter, „weil der das Forderungsrecht setzende Wille dasselbe nur zu dem Ende gesetzt hat, damit der Gläubiger erhalte, was er nun hat, also das Forderungsrecht für den Fall, der nun vorliegt, nicht gewollt hat". Kann dieser Satz als erklärendes Prinzip für die in jeder Gesetzgebung wiederkehrende Erscheinung der Zweckerreichung dienen? U. E. können Windscheids Ausführungen höchstens als Erklärung des einzelnen Rechtsfalles, nicht aber als Erklärung eines Rechtsinstituts aufgefasst werden. Die Frage muss so lauten: Wie erklärt sich das Rechtsinstitut des Untergangs der Obligation durch Zweckerreichung? was hat der Gesetzgeber gewollt, als er bestimmte, dass zwei auf denselben entfernteren realen juristischen Zweck gehende Ansprüche durch Zweckerreichung untergehen, wenn auch die Erfüllungshandlung nur innerhalb des einen erfolgte, als er die Formen schuf, deren sich heute die Parteien bedienen können?[203])

---

199) Vgl. Brinz, Pandekten, II § 292.

200) Vgl. Windscheid, a. a. O. Note 6.

201) Vgl. Arndts, Fortsetzung von Glück, 46 S. 249 ff.

202) Vgl. Schmidt, Erklärung der Rechtsregel über das Zusammentreffen zweier causae lucrativae in Jherings J. 20, S. 411 ff.; vgl. Mitteis, a. a. O. S. 14.

203) Man denke auch an BGB. § 830.

Man kann hier nur folgendes zur Erklärung sagen: „Das Gesetz sichert u. U. einen und denselben juristischen Erfolg dadurch, dass es mehrere Forderungen auf eben diesen Erfolg gewährt. Der Erfolg für den Gläubiger ist dann ein und derselbe, mag die Forderung a, oder a' oder a'' erfüllt werden; jeder der Ansprüche a, a', a'' hat einen identischen Inhalt, verfolgt einen identischen Zweck. Wird nun z. B. die Forderung a erfüllt, d. h. wird der Zustand im Gläubigervermögen, wie er aus der Erfüllung der Forderung a, — ebensogut aber auch aus der Erfüllung der Forderungen a' und a'' gedacht und gewollt war, erreicht, so ist damit die Bedürfnisbefriedigung beim Gläubiger geschaffen, die durch die verschiedenen möglichen Forderungen erreicht werden sollte. Jede weitere Leistung aus den Forderungen a' und a'' bedeuteten mithin ein „Mehr als das in der Mehrheit der zweckidentischen Forderungen Gewollte", eine ungerechtfertigte Bereicherung. Die Lücke im Gläubigervermögen, die durch die Leistung aus den zweckidentischen Forderungen a, a', a'' ausgefüllt werden soll, ist geschlossen.[204]) Damit sind die Forderungen a', a'' — wenn die Forderung a erfüllt wurde, — in ihrer Lebenskraft unterbunden, sie können nicht mehr wirken, weil ihr Ziel bereits erreicht ist, weil ihre Erfüllung unmöglich geworden ist.[205]) Noch schärfer tritt das Wesen der Zweckerreichung vielleicht bei der folgenden Darstellungsweise hervor:

---

[204]) Wenn wir zur Beleuchtung unseres Problems Fälle von vermögenswerten Obligationen wählen, so wollen wir damit keineswegs die Ansicht zum Ausdruck bringen, als ob „Vermögenswert" ein wesentliches Erfordernis der Obligation sei. Unsere Ausführungen über „Zweckerreichung" gelten in gleicher Weise auch für die nicht vermögenswerten Obligationen.

[205]) Vgl. auch den kasuistischen Teil dieses Buches.

a) Gläubigerseite:

Der Gläubiger hat das erhalten, was er aus den verschiedenen zweckidentischen Ansprüchen zu seiner Bedürfnisbefriedigung verlangen konnte. Erfüllt ist allerdings nur die einzelne Forderung, auf die geleistet wurde. Die andern Forderungen sind nur mittelbar, indirekt,[206] erfüllt, d. h. das Ziel, welches sie erreichen sollten, ist erreicht, der Zustand ist derselbe, wie wenn statt der Forderung a die Forderung a' oder a'' erfüllt worden wäre. Die Forderungen a' und a'' erlöschen auch durch den Effekt, der durch die Erfüllung der Forderung a im Gläubigervermögen erreicht ist, durch indirekte Erfüllung, — Zweckerreichung.[207]

b) Schuldnerseite:

Die Forderung a, die der Schuldner X. durch Bewirkung der geschuldeten Leistung tilgte, ist erfüllt. Damit ist zugleich die ganze Aufgabe der Forderungen a' und a'' im Gläubigervermögen bereits erfüllt. Sie können nicht mehr wirken. Es liegt Unmöglichkeit der Erfüllung vor. Was bedeutet dies im einzelnen? Ich beleuchte diese Lehre an folgendem Beispiel:

> A., B., C., D. schulden gesamtschuldnerisch 30 Mk. A. zahlt die 30 Mk. Damit ist die vom Gläubiger gewollte Bedürfnisbefriedigung erreicht. B., C., D. sind frei, weil sie ihre Leistung nicht mehr causa solvendi bewirken können, weil die Leistung nicht mehr „geschuldet" ist.

Hier zeigt sich die scharfgezogene Linie, welche Unmöglichkeit der Leistung (BGB. § 275, 323) und Zweck-

---

[206]) Vgl. Rappaport, a. a. O. S. 185; dort genauere Literaturangaben.

[207]) Vgl. auch S. 98 ff. dieses Buches.

erreichung trennt. Bei der Unmöglichkeit der Leistung besteht die Verpflichtung zur Leistung. Weil diese geschuldete Leistung aber unmöglich ist, erlischt die Forderung. Erlöschen der Verpflichtung ist die Folge der Unmöglichkeit der Leistung.

Ganz anders in unserm Falle! Hier ist die Leistung, das tatsächliche Substrat der Erfüllung möglich. Die solventen B., C., D. können jeder mit Leichtigkeit Eigentum an 30 Mk. übertragen. Aber die Wirkung der Erfüllung des A. im Gläubigervermögen hat für sie zur Folge, dass die Verpflichtungen erloschen sind, dass also das Geschuldetsein der Leistung aufhört. Mithin ist hier eine Bewirkung der an sich möglichen Leistung wegen Mangels der Verpflichtung unmöglich. Man kann den Gegensatz auch so formulieren: Bei der Unmöglichkeit der Leistung ist die Bewirkung der Leistung unmöglich, bei der Zweckerreichung ist die Bewirkung der causa-Offerte unmöglich geworden, weil die für die causa wesentliche Verpflichtung weggefallen ist.[208–209]

Dass im Gesetz nur die Fälle der Unmöglichkeit der Leistung nicht aber die der Unmöglichkeit der causa-Bewirkung (Zweckerreichung) eingehend geregelt wurden, kann nicht befremden. Wurden doch auch die Fälle der Ermangelung der causa (Kondiktionen!) im BGB. eingehend geordnet, während die Frage nach dem Schicksale kausaler Vermögenszuwendungen bei unwirksamer Leistung offen blieb.[210]

---

[208]) Vgl. auch das Vorwort dieses Buches S. 1.

[209]) Vgl. auch Klein, Übt im Falle der Unwirksamkeit der Leistung die an sich gültige Zwecksatzung einen Einfluss aus? HessRsp. Januarnummer 1905.

[210]) Vgl. Zitelmann, BR. I. S. 133; vgl. auch Anm. 209 dieses Buches.

Nur bei der oben angegebenen scharfen Trennung der beiden Erlöschensarten: „Unmöglichkeit der Leistung“ und „Zweckerreichung (Unmöglichkeit der causa-Bewirkung)“ ist die zutreffende Lösung einer Reihe hierher gehörender Probleme, die heute in der Literatur vielumstritten sind, möglich. Wenn z. B. (wir beschränken uns hier auf Ansprüche mit identischem Zweck) gelehrt wird: das Rechtsinstitut des concursus duarum causarum lucrativarum (so wie es die ältere Doktrin annimmt), sei überflüssig, weil es bereits in dem Rechtsinstitute der Unmöglichkeit der Leistung enthalten sei,[211]) so ist dies unrichtig. Die richtige Lösung dieses Problems lässt sich aus unserer Trennung zwischen den beiden genannten Erlöschensgründen ablesen: der einheitliche Begriff des concursus duarum causarum lucrativarum im Sinne der älteren Doktrin ist unhaltbar. Bei den Erlöschensfällen, die man unter der allgemeinen Bezeichnung: concursus duarum causarum lucrativarum begreift, handelt es sich einmal um Fälle, die unter den Erlöschensgrund der Unmöglichkeit der Leistung gehören, anderseits um Fälle des Erlöschens durch Zweckerreichung. Nur diese letzteren kommen für unsere Untersuchung in Betracht; ausführlicher behandeln wir diese Lehren im kasuistischen Teile dieses Buches (dort auch näheres über die Kumulation beider Erlöschensgründe).

Gilt es hier bei dem judicium finium regundorum zwischen der Zweckerreichung und den benachbarten Problemen verlorenes Gebiet der Zweckerreichung zuzusprechen und zurückzugeben, so muss bei der Grenzregelung an andern Stellen die Grenze schärfer und enger gezogen werden, muss unrechtmässig für die Zweckerreichung okkupiertes Terrain wieder abgetreten werden.

---

[211]) Vgl. Crome, BR. II. § 181, Anm. 8.

Schärfer gegen das Problem der Zweckerreichung abzugrenzen sind besonders die Fälle, die man kurz, wie folgt, charakterisieren kann: Fälle, in denen es sich um Ansprüche handelt, die grob angesehen zweckidentisch, in der Tat aber verschiedenartig sind; Ansprüche eigentümlich bez. ihrer Geltendmachung: die Geltendmachung des einen Anspruchs hat das Erlöschen des andern Anspruchs zur Folge.

Man denke nur an folgenden Fall:

A. verpfändet dem Z. eine dem X. gehörige Sache, ohne dem Z. das Eigentumsverhältnis aufzudecken. A. tilgt die Forderung, für die das Pfandrecht besteht. Das Pfandrecht erlischt (BGB. § 1252). Damit entstehen für A. und X. Ansprüche auf Rückgabe des Pfandes: für A. aus der Pfandbestellung, für X. aus dem Eigentum. Z. gibt das Pfand an den Verpfänder A., den er als Eigentümer der verpfändeten Sache ansieht, zurück. Damit erlöschen sowohl die Ansprüche des X. wie des A. gegen Z.

Handelt es sich hier bei dem Erlöschen des Anspruchs des X. um Erlöschen durch Zweckerreichung?[212]) Man

[212]) Wenn hier auch zuweilen von „Zweckerreichung" gesprochen wird, so ist dies auf eine Unklarheit über die Tragweite des Begriffs der Zweckerreichung zurückzuführen. Der von uns präzis bestimmte Begriff Zweckerreichung passt unter keinen Umständen auf diese Fälle.

Das Problem — oder genauer der Begriff — der Zweckerreichung ist selbstredend nicht nur ein dem Obligationenrecht angehörender. Von Zweckerreichung kann überall dort die Rede sein, wo der Zweck eines (obligatorischen, dinglichen) Anspruchs durch ein nicht auf die Befriedigung des Anspruchs gerichtetes Verhalten erreicht wird, und der Anspruch dann nach der Befriedigung des aus dem Anspruch Berechtigten als überflüssig in sich zusammenbricht. Wir behandeln hier nur die Zweckerreichung als Erlöschensgrund von Obligationen. Dabei sei aber bereits hier, um jeden Zweifel auszuschliessen, hervorgehoben, dass bei dem Untergang der Obligation durch Zweckerreichung keineswegs der Anspruch, auf den hin

wird diese Frage ohne Bedenken verneinen. Ist doch die Bedürfnisbefriedigung, die durch die beiden Ansprüche erreicht werden soll, keineswegs dieselbe. Der Anspruch des X. gegen Z. bleibt in unserm Falle unerfüllt. Man kommt hier nur zum Ziele, wenn man das Erlöschen des X.schen Anspruchs auf „unverschuldete Unmöglichkeit auf seiten des gutgläubigen Pfandgläubigers“[213]) zurückführt.

In den vorhergehenden Ausführungen haben wir bereits zu den verschiedenen möglichen Theorien über das Wesen der Zweckerreichung Stellung genommen. Wir lehnten die Unmöglichkeitstheorie ab und zeigten, dass auch Windscheids Lösungsversuch nicht als erklärendes Prinzip dienen kann. Unsere Auffassung haben wir dann auf S. 91 ff. dieses Buches näher dargelegt.[214])

Unser erstes Ergebnis über das Wesen der Zweckerreichung lässt sich dahin formulieren:

Wird bei obligatorischen Ansprüchen mit identischem Zweck ein Anspruch erfüllt, so hat die Erfüllung des Anspruchs

---

geleistet wird, und dessen Erfüllung den weiteren Effekt der Zweckerreichung nach sich zieht, ein obligatorischer Anspruch sein muss. Dieser Anspruch kann auch ein dinglicher sein. Kann doch der entferntere reale Zweck, dem die Obligation dient, in gleicher Weise in einem dinglichen Anspruch erfasst sein. Wir besprachen zunächst der Einfachheit halber den einfachsten und häufigsten Fall der Zweckerreichung bei obligatorischen Ansprüchen. Im übrigen vgl. S. 102 ff. dieses Buches!

[213]) Unmoglichkeit?! — Was wir für das Problem der Zweckerreichung ausführten, gilt in ähnlichem Sinne für die Unmöglichkeit. Die Unmöglichkeit ist ausdrücklich im BGB. § 275 für das Obligationenrecht geregelt. Aber sie ist von gleicher Bedeutung für die anderen Gebiete des Zivilrechts. Hier müssen die in BGB. § 275 niedergelegten Rechtsgedanken analog angewandt werden.

[214]) Vgl. auch Rappaport, a. a. O. besonders S. 184, 185.

zur Folge, dass die übrigen Ansprüche erlöschen.[215])

Bekannteste Beispiele: Gesamtschuld[216]) und Bürgschaft im Falle der Erfüllung der Hauptschuld.[217]) Die

---

[215]) Vgl. S. 91 ff. dieses Buches!

[216]) Inwieweit dies auch für Gesamtgläubigerverhältnisse gilt, darüber vgl. S. 125 ff. dieses Buches!

[217]) Beide Ansprüche bezwecken dieselbe Bedürfnisbefriedigung für den Gläubiger. Vgl. Binder, a. a. O. S. 130—159, besonders S. 151. Binder hebt mit Recht hervor, dass dies für alle Fälle von Bürgschaften gilt, also auch dann, wenn die Hauptschuld in einer Verpflichtung zu einer in Person zu bewirkenden Leistung besteht. Dafür sprechen folgende Gründe: 1. Bewirkt der Hauptschuldner nicht die in Person zu bewirkende geschuldete Leistung, so schlägt diese Verpflichtung in einen Interessenanspruch um und geht nun auf dieselbe Leistung wie die Verpflichtung des Bürgen. 2. Die Bürgschaft ist vom Gesetz so gedacht, dass in solchen Fällen der Gläubiger durch Abschluss des akzessorischen Bürgschaftsvertrags mit dem Bürgen die Höhe des Wertes der Bedürfnisbefriedigung, die ihm aus der Hauptschuld bzw. dem Ausschnitte aus der Hauptschuld, zu deren Sicherung sich der Bürge verbürgt hat, geschuldet wird, bestimmt, mithin beide Forderungen nach dem Willen der Parteien zweckidentisch sind. A. M. Geib, Zur Dogmatik des röm. Bürgschaftsrechts, 1894. So gut wie das Gesetz für den Fall, dass der Gläubiger erklärt, die ihm geschuldete Bedürfnisbefriedigung sei durch Leistung an Erfüllungsstatt erreicht, die Obligation erlöschen lässt, so gut kann es zulassen, dass durch Vereinbarung zwei Mittel die gleiche Bedürfnisbefriedigung erreichen können. — Die Bürgschaft ist ein akzessorisches Gesamtschuldverhältnis. Vgl. Binder, a. a. O. S. 159; Windscheid, § 476; Dernburg, BR. II. 1. S. 417, II. 2. S. 324; Crome, BR. II. S. 877; a. A. Isay, Jherings J., 48. S. 187 ff.

Erlischt die Hauptschuld bei Erfüllung des Bürgen? — Die Frage ist zu bejahen. Sie wird ausdrücklich für die Gesamtschuld in § 422 I. BGB. bejaht. Aber das Gesetz hat von diesem Grundsatze weitgehende Ausnahmen aufgestellt, so dass der Grundsatz bei der Bürgschaft fast zur Ausnahme wird. Es handelt sich hier um das vielerörterte Problem der subrogatio, cessio ficta. Hat der Gesamtschuldner oder Bürge erfüllt, so geht (aus gewichtigen Zweckmässigkeitsgründen) die Forderung des Gläubigers auf diesen Gesamtschuldner bzw. Bürgen über. Eine logische Erklärung

ganzen Fälle von Zweckerreichung bei zweckidentischen obligatorischen Ansprüchen darzustellen ist so wenig möglich wie eine abschliessende Beantwortung der Vorfrage, wann obligatorische Ansprüche zweckidentisch sind. Das

---

dieser (unentbehrlichen) Erscheinung ist unmöglich. Hartmann, a. a. O. S. 46 ff. wollte die Frage dadurch lösen, dass er lehrte, die Zahlung wirke nicht so absolut und formal die Tilgung der Obligation, wie man gemeinhin behaupte. „Sie bewirkt vielmehr solche Tilgung nur, insofern der der Obligation innewohnende Zweck wirklich erreicht ist." Die Unzulänglichkeit dieser Auffassung hat bereits Mitteis, a. a. O. S. 10—12 nachgewiesen. Man vgl. auch BGB. § 362. Eine andere Begründung der cessio ficta schlagen die Motive II. S. 674 vor: Der § 674 des E I. (BGB. § 774 I) beruht auf der Unterstellung, dass der Bürge den Gläubiger nicht solvendi causa, sondern in der Absicht, die Forderung des Gläubigers zu erwerben befriedigt, so dass diese Forderung trotz der Befriedigung des Gläubigers bestehen bleibt. Diese Auffassung vertreten Planck, BR. II. zu § 774 Anm. 1; Kuhlenbeck, BR. I. (2. Aufl.) zu § 774, Anm. 1 S. 623 und Strohal, DJZ. 8, 373 ff., der von „Einlösungszahlung" im Gegensatze zur „Zahlung mit Tilgungswirkung" spricht. Aber auch dieser Lösungsversuch hilft m. E. nicht zum Ziele. § 426 II BGB. bestimmt: „Soweit ein Gesamtschuldner den Gläubiger befriedigt und . . . . geht die Forderung des Gläubigers gegen die übrigen Schuldner auf ihn über. Was unter „befriedigt" zu verstehen ist, darüber gibt § 422 BGB. Aufschluss: „Erfüllt einer . . . Das gleiche gilt von der Leistung an Erfüllungsstatt, der Hinterlegung und Aufrechnung . . . Der übereinstimmende Wortlaut des § 774 BGB.: „Soweit der Bürge den Gläubiger befriedigt . . . ." lässt keinen Zweifel darüber, dass hier das Gleiche wie in § 422 BGB. gemeint ist. Der Bürge soll den Gläubiger befriedigen, aber nicht solvendi causa, sondern in der Absicht, die Forderung des Gläubigers zu erwerben. Das ist in sich widerspruchsvoll. Befriedigt — und über den Inhalt des Kunstausdrucks „befriedigt" kann kein Zweifel sein — der Bürge den Gläubiger aus der Bürgschaftsschuld, d. h. schafft er ihm die geschuldete Bedürfnisbefriedigung, so erlischt die zweckidentische Hauptschuld durch Zweckerreichung und er erwirbt nichts. Eine Unterstellung, der Bürge habe die Forderung durch ein entgeltliches Rechtsgeschäft erworben und dieses durch Zahlung seinerseits erfüllt, schliesst der Kunstausdruck „befriedigt" aus.

Es bleibt somit lediglich die Erklärung, dass es sich bei der cessio

allgemein Gültige ist hierüber bereits ausgeführt worden. Es erübrigt, noch auf einen Punkt hinzuweisen: Welchen Inhalt können zweckidentische Ansprüche haben?

Hier ist scharf zu unterscheiden zwischen

a) zweckidentischen obligatorischen Ansprüchen gegen einen und denselben Schuldner und

b) zweckidentischen obligatorischen Ansprüchen gegen verschiedene Schuldner.

Zweckidentische obligatorische Ansprüche gegen verschiedene Schuldner müssen stets auf eine Leistung gehen, die der Schuldner nicht in Person zu bewirken hat. Solche Leistungen können nur von dem einen Schuldner, von dessen Person sie nicht abstrahiert werden können, bewirkt werden. Hier ist eine Identität von Ansprüchen ausgeschlossen, weil die Bedürfnisbefriedigung des Gläubigers nur von dem einen

---

ficta (BGB. §§ 426 II und 774) um eine logisch nicht zu begründende aus Zweckmässigkeitsgründen getroffene Regelung handle, dass diese Sätze zu dem bedeutenden Rest von Normen gehören, die nicht aus dem Rechtssystem deduziert werden können. Übereinstimmend Mitteis, a. a. O. S. 11/12 und besonders Anm. 14, und Rappaport, a. a. O. S. 189; Regelsberger, in Jherings J. 41 S. 276 ff.

Für uns kam es darauf an, zu zeigen, dass es sich in den §§ 426 II und 774 I BGB. um Ausnahmen von dem allgemeinen Prinzip der Zweckerreichung handelt, die sich nur aus dem Gesichtspunkte der Billigkeit, dass der Hauptschuldner in letzter Linie doch der Leidtragende sein solle, und dass die rechtliche Position des Bürgen noch durch den Übergang des Gläubigerrechts verstärkt werde, erklären und rechtfertigen. Dass es nur Ausnahmen sind, beweist vor allem der Umstand, dass die cessio ficta in der Tat dem Bürgen nur das Recht gibt, das ihm bereits aus dem internen Verhältnis mit dem Hauptschuldner zustand, also nur dort das Prinzip der Zweckerreichung durchbrochen wird, wo dem Bürgen bereits aus dem internen Rechtsverhältnisse Ansprüche erwachsen waren. Vgl. auch Kuhlenbeck, a. a. O. Anm. 3.

Schuldner erzielt werden kann.[218–219]) Auch BGB. § 267 kann im weiteren Sinne hierfür als Beleg dienen.[220])

Handelt es sich aber um zweckidentische Ansprüche gegen eine und dieselbe Person, so können alle denkbaren Leistungen Anspruchsinhalt sein. Zwar werden auch hier Ansprüche, aus denen der Schuldner nicht in Person zu leisten hat, die häufigsten sein. Denn — und an diese Fälle ist zunächst zu denken — überall dort, wo es sich um Sicherung von obligatorischen Ansprüchen durch einen abstrakten Wechselanspruch, Anspruch aus Schuldversprechen oder Schuldanerkenntnis mit identischem Zweck handelt, sind es meist vertretbare[221]) und nicht in Person zu bewirkende Leistungen, die geschuldet werden. Aber unser Gesetzbuch hat die Möglichkeit gelassen, sich durch Schuldversprechen und Schuldanerkenntnis auch zu nicht vertretbaren und zu in Person zu bewirkenden Leistungen zu verpflichten;[222]) daher muss bei zweckidentischen Ansprüchen gegen einen und denselben Schuldner gelehrt werden, dass alle denkbaren Leistungen Anspruchsinhalt sein können. Allerdings werden uns im Verkehr äusserst selten solche Schuldversprechen auf in Person zu bewirkende oder nicht vertretbare Leistungen begegnen.[223])

---

218) Weil die Leistung eines andern niemals einen vollständig gleichen Erfolg erreichen könnte, wie er aus der Obligation geschuldet wird.

219) Anders bei mehreren Verpflichtungen auf Leistung einer bestimmten Sache. Hier haben die verschiedenen Obligationen neben einander Zweck und Berechtigung.

220) Die bei der Auslegung dieses Paragraphen gefundenen Ergebnisse müssen herangezogen werden.

221) Vgl. Anm. 219.

222) Beispiel bei Dernburg, BR. II 1 § 89 S. 216.

223) Übereinstimmend Dernburg, a. a. O.

Eine Obligation erlischt durch Zweckerreichung, wenn durch Erfüllung eines zweckidentischen dinglichen Anspruchs ihr Zweck gleich günstig und vollständig erreicht ist. § 11.

Schon ein oberflächlicher Blick in unsere Gesetzgebung zeigt uns, dass nicht bloss — man denke nur an Hypothek und Pfandrecht — bei zweckidentischen obligatorischen Ansprüchen ein Erlöschen von obligatorischen Ansprüchen durch Zweckerreichung möglich ist. Er belehrt uns vielmehr darüber, dass der obligatorische Anspruch auch dann durch Zweckerreichung erlischt, wenn durch Erfüllung eines zweckidentischen dinglichen Anspruchs die durch den obligatorischen Anspruch gewollte Bedürfnisbefriedigung erreicht ist.[224])

Ich beleuchte dieses Problem an den „Verwertungsrechten".[225])

Unter Verwertungsrechten werden mit Zitelmann[226])

---

[224]) Dasselbe gilt natürlich auch umgekehrt. In diesem umgekehrten Sinne ist die Erscheinung bekannt, kommt aber für unsere Untersuchung nicht in Betracht. Vgl. Anm. 212 dieses Buches! — Wenn hier von „Erfüllung" des dinglichen Anspruchs die Rede ist, so handelt es sich gewiss nicht um dasselbe was bei Obligationen Erfüllung heisst: aber es ist bequem, die vorhandenen Namen für die analoge Erscheinung zu verwerten.

[225]) Vgl. Zitelmann, Internationales Privatrecht II 2 S. 563ff.

[226]) Vgl. Zitelmann, a. a. O. Dort genaue Literaturangaben. Ich begnüge mich mit einem Hinweis auf diese ausgezeichneten Ausführungen, in denen das bedeutsame Problem der Verwertungsrechte in seinem ganzen Umfange denkbar klar hervortritt. Diese Ausführungen müssen zum genaueren Verständnisse unserer Untersuchung herangezogen werden. Mir schien es untunlich, das dort so trefflich Gesagte verkürzt wiederzugeben. Eine grössere Abhandlung: „Schuldverhältnis und Haftungsverhältnis im heutigen Recht", in der wir auch die Lehre von den Verwertungsrechten erörtern und zu dem Meinungsstreit zwischen Kohler und Ehrenberg Stellung nehmen werden, wird demnächst erscheinen.

hier alle Rechte verstanden, welche jemandem die Möglichkeit geben, sich, wenn eine gewisse Leistung an ihn nicht erfolgt, durch Verwertung eines bestimmten fremden Rechts zu befriedigen. Diese Verwertung geschieht im wesentlichen durch Veräusserung, doch ist auch Verwertung durch wirtschaftliche Ausnützung möglich. Wir wählen hier der Klarheit halber den einfachsten Fall der Verwertungsrechte, dass es sich um Verwertung einer fremden Sache handelt und lassen die ähnlichen Fälle, in denen es sich um Verwertung eines fremden Rechts (Pfandrecht an Forderungen!) handelt, hier unberücksichtigt.[227])

Die Geltendmachung eines solchen Verwertungsrechtes ist daran gebunden, dass eine bestimmte Leistung an den Verwertungsberechtigten nicht erfolgte. Das Verwertungsrecht kann nun wieder einmal voraussetzen, dass eine Verpflichtung zu der Leistung vorliegt; es steht dann akzessorisch neben diesen Verpflichtungen und dient nur zu deren Sicherung (Fahrnispfandrecht, Hypothek). Oder es besteht unabhängig von einer Obligation, also selbständig. Es ist ausübbar, sobald eine bestimmte Leistung tatsächlich nicht erfolgte, mag eine Verpflichtung zur Leistung bestehen oder nicht (Grundschuldrecht).

Für unsere Untersuchungen kommen nur die ersten Fälle in Betracht.

Überall, wo solche Verwertungsrechte bestellt werden oder ex lege entstehen, handelt es sich um zwei Ansprüche mit identischem Zweck. Der erste — obligatorische — Anspruch ist darauf gerichtet, dass der Schuldner eine bestimmte Leistung an den Gläubiger bewirke, durch die eine bestimmte zurzeit durch den Anspruch formal ausgefüllte Lücke im Gläubigervermögen in bedürfnisstillender Weise

---

[227]) Über die dingliche Natur der Verwertungsrechte vgl. Zitelmann, a. a. O.

definitiv geschlossen wird. (Realer näherer Zweck: Leistungsbewirkung. Realer entfernterer Zweck: Bedürfnisstillung.)

Der Verwertungsanspruch entsteht mit der Pfandbestellung, doch ist er in seiner Wirkung gebunden, ist seine Geltendmachung bedingt. Erst dann, wenn die Forderung nicht zum Ziele führt, wird er wirksam. Nun konkurrieren zwei völlig zweckidentische Ansprüche. Denn der Leistungsanspruch aus der Obligation schlägt — wenn es sich nicht von vornherein um einen Geldanspruch handelt — in einen Interessenanspruch gleichen Wertes um, und dessen ganzen Inhalt nimmt der Verwertungsanspruch in sich auf. Wird nun der geltend gemachte Verwertungsanspruch durch Verwertung (den Erlös bei der Verwertung oder Ausnutzung)[228–229]) befriedigt, so ist damit auch der im Interessenanspruch verfolgte Zweck erreicht, und folglich muss dieser wegen Unmöglichkeit der Erfüllung — Zweckerreichung — in sich zusammenbrechen.

Damit dürften bereits die wichtigsten Fälle von „Zweckerreichung eines obligatorischen Anspruchs durch Erfüllung eines zweckidentischen dinglichen Anspruchs genannt sein. Auch hier muss sich die Darstellung damit begnügen,

[228]) In diesem Falle vollzieht sich die Zweckerreichung wie folgt: Der Verwertungsanspruch wirkt in einer der Leistung an Erfüllungsstatt analogen Weise aus dem Willen des Verwertungsberechtigten bedürfnisstillend. Hat er aber diesen Zweck — die Bedürfnisbefriedigung — erreicht, so geht die Forderung durch Zweckerreichung unter.

[229]) Die vorliegenden Fälle sind so gedacht, dass die zu verwertende Sache zur Befriedigung des Gläubigers ausreicht. Wie aber, wenn dies nicht der Fall ist? Hier ist teilweise Zweckerreichung anzunehmen. Liegen mehrere Ansprüche vor, die durch die Verwertung in ihren Zwecken erreicht werden sollen, so ist — bei nicht für alle ausreichender Befriedigung des Gläubigers aus der Verwertung — analog BGB. §§ 366, 396 zu entscheiden.

ein charakteristisches Beispiel von Zweckerreichung herauszunehmen.

Nur darauf sei noch hingewiesen, dass bei äusserer Konkurrenz von condictio und vindicatio stets genau zu prüfen ist, ob nicht blosse Gesetzeskonkurrenz vorliegt. In diesem Falle kann natürlich nicht von Erlöschen durch Zweckerreichung die Rede sein, weil nur ein Anspruch vorliegt. (Übrigens wird meistens, wenn die vindicatio durchdringt, und condictio und vindicatio gegen verschiedene Personen gerichtet sind, die condictio durch Unmöglichkeit der Leistung untergehen.) Aber auch hier sind Fälle von Zweckerreichung denkbar.

Das auf S. 97 aufgestellte Ergebnis über das Problem des Untergangs der Obligation durch Zweckerreichung lässt sich dahin erweitern:

Besteht neben einem obligatorischen Anspruch ein anderer dinglicher oder obligatorischer Anspruch mit identischem Zweck, so hat dessen vollständige Befriedigung das Erlöschen des obligatorischen Anspruchs durch Zweckerreichung zur Folge.[230—231])

Damit eröffnet sich eine weite Perspektive für die Anspruchslehre. Nichts wäre für sie gefährlicher, als wenn die Einordnung der juristischen Denkformen, durch die wir das Leben erfassen und regeln, in bestimmte Kategorien, z. B. die Einteilung der Ansprüche in dingliche und obligatorische den freien Blick für die zahlreichen Wechselwirkungen zwischen diesen Ansprüchen behinderte.

Die Einordnung des einzelnen Rechtssatzes, des ein-

[230—231]) Vgl. auch S. 120 dieses Buches.

zelnen Rechtsinstituts an einer bestimmten Stelle des Gesetzes bedeutet nicht, dass die ganzen Wirkungen, die in diesen Denkformen vorgestellt und gewollt wurden — z. B. als lediglich sachenrechtliche Wirkungen gedacht sind. Alle Einordnung kann nur nach einem bestimmten Gesichtspunkt erfolgen. Meist ist die hervorstechendste Wirkung für die Einordnung massgeblich. Aber dabei bleiben die oft so wichtigen Neben- und Wechselwirkungen, welche über die an Ort und Stelle geregelten Wirkungen weit hinausragen, unberührt.[232])

Eine Obligation erlischt durch Zweckerreichung, wenn durch ein weder auf die Obligation gerichtetes noch aus einem zweckidentischen Anspruche geschuldetes Handeln ihr Zweck gleich günstig und vollständig erreicht ist. § 12.

Untergang der Obligation durch Zweckerreichung ist Erlöschen der Forderung wegen Unmöglichkeit der Erfüllung der Obligation, weil der Zweck bereits erreicht ist. Kommt solches Erlöschen der Forderung durch Zweckerreichung nur bei zweckidentischen Ansprüchen vor? — Treffen unsere früheren Ausführungen zu, so ist diese Frage zu verneinen, weil auch überall dort Zweckerreichung vorliegen muss, wo der entferntere reale juristische Zweck, die Bedürfnisbefriedigung des Gläubigers, auf sonst irgend eine Weise, sei es durch eine Tätigkeit eines Menschen oder durch irgend einen Vorgang in

232) Vgl. Klein, Die Bedeutung der Überschriften, ÖstAGZ. 1905.

der vernunftlosen Natur erreicht ist. Gerade diese Fälle der Zweckerreichung sind noch wenig behandelt und vor allem noch nicht genügend auf ihre Verwandtschaft mit den bereits besprochenen Fällen von Zweckerreichung nachgeprüft worden.

Ich beginne mit den in der Überschrift dieses Paragraphen bezeichneten Fällen von Zweckerreichung. Hier dürften die von mir im SächsArch. 14 S. 314 ff. besprochenen Fälle der „Erfüllung durch Herstellung bei Schadenersatzobligationen" die charakteristischsten sein.

Bei diesen Untersuchungen aus der causa-Lehre, speziell der Lehre von der Natur der causa solvendi, fand ich, dass die „Erfüllung (?!) durch Herstellung bei Schadenersatzobligationen" ausgeschieden werden muss, wenn man bei der Lehre von der Erfüllung — genauer der causa solvendi — klare und einheitliche Ergebnisse erzielen will, und wies bereits damals darauf hin, dass es sich bei der „Erfüllung durch Herstellung bei Schadenersatzobligationen" bei einer Reihe von Fällen in der Tat um „Erlöschen der Forderung durch Zweckerreichung" handle.[233—234]) Meine dortigen Ausführungen will ich hier in Kürze wiedergeben und durch einige Beispiele erläutern.

Der Kassierer unterschlägt 1000 Mk. Nach drei Tagen ist Kassenrevision. Niemand weiss von der Unterschlagung. Am Vorabende der Kassenrevision legt der Kassierer 1000 Mark in die Kasse. Niemand erfährt von der Unterschlagung und der Herstellung des Schadens durch den Kassierer.

A. leiht seinem Freunde B. die Digesten. In Gedanken

---

[233]) Vgl. Klein, SächsArch. 14 S. 319; ders. Beiträge zur causa-Lehre, ÖstCBl. 22 S. 452—467; ders. HessRspr. 5 No. 3.

[234]) Vgl. Planck, BR. II. zu § 362.

versunken lässt B. das Buch, eine ungewohnt schwierige Lektüre, beim Durchblättern zu Boden fallen. Das Buch löst sich aus dem Einbande. B. wendet sich an einen Buchbinder, und dieser stellt den Schaden wieder her. Daraufhin gibt B., voll Furcht, das Buch möge noch einmal bei ihm einen derartigen Schaden erleiden, dem A. das Buch zurück. A., der die Digesten hauptsächlich zur Verschönerung seiner stattlichen, wenig benutzten Bibliothek erstand, deren Lektüre aber wenig pflegt, erfährt von dem ganzen Vorfalle nichts.

Vgl. auch das auf S. 4 dieses Buches angeführte Beispiel No. 12!

Ist die Herstellung des durch die Unterschlagung entstandenen Schadens (I. Beispiel), die Herstellung des beschädigten Buches (II. Beispiel), die des beschmierten Sockels (III. Beispiel), — „Erfüllung"?

In allen drei Fällen wurde Eigentum verletzt, entsprang aus der Eigentumsverletzung sofort der obligatorische Anspruch auf Herstellung des entstandenen Schadens. Diese Forderung erlischt gemäss BGB. § 362 I durch Bewirkung der geschuldeten Leistung, Herstellung. Soll aber diese Herstellung Solutionseffekt haben, so muss der Schuldner die Leistung solvendi causa bewirken,[235]) der Gläubiger die Leistung solvendi causa annehmen. Allerdings ist letzteres bestritten.[236]) Feststehend ist aber heute allgemein, dass die Leistung vom Schuldner solvendi causa, mit Solutionswillen, bewirkt sein muss, d. h. dass der Schuldner seine Leistung im Hinblick auf die Forderung des Gläubigers bewirkt, um diese zu tilgen, um den Austausch von

---

235) Vgl. BGB. §§ 813, 814.

236) Dafür Klein, a. a. O; dagegen, wie es scheint Planck, BR. II. zu § 362 und neuerdings Oertmann, DJZ. (1904) S. 1127 ff.; vgl. auch Gierke, DJZ. (1905) S. 92 ff.

Forderung und Leistung im Gläubigervermögen anzuregen.[237]) U. E. fehlt in den vorliegenden Fällen der „Herstellung“ dieser Solutionswille. Der Schuldner will hier nicht erfüllen; er will vielmehr verhindern, dass dem Gläubiger die Obligation zum Bewusstsein gelangt. M. a. W.: der „erfüllende“ Schuldner will unter allen Umständen die äquivalente Rechtswirkung (Untergang der Obligation) im Gläubigervermögen mit seiner Leistung herbeiführen. Und wenn er befürchten müsste, seine Erfüllungsabsicht werde dem Gläubiger nicht erkennbar, so wird er nicht eher ruhen, als bis dem Gläubiger die schuldnerische Absicht deutlich geworden ist. In den vorliegenden Fällen aber will der Schuldner verhindern, dass die Obligation und die der Leistung entsprechende Herstellung dem Gläubiger bekannt wird, er will nicht erfüllen, sondern erreichen, dass die Entstehung der Obligation und die Zerstörung der Obligation durch die Herstellung des Schadens unbekannt bleibt. Dies gilt für die Herstellung des entstandenen Schadens sowohl bei Delikts- als Kontraktsobligationen, solange der Gläubiger noch nichts von der Entstehung der Obligation weiss oder aber aus der Obligation noch keinen Anspruch gegenüber dem Schuldner geltend gemacht hat.

Fehlt aber der Solutionswille, so liegt keine Erfüllung vor.

Anderseits ist die Bedürfnisbefriedigung, die dem Gläubiger aus der Schadenersatzforderung zustand, vollständig erreicht.

---

[237]) Vgl. Klein, HessRspr. a. a. O. Anm. * u. 5; ders. SächsArch., a. a. O. S. 317 Anm. 9.

Würde also der Gläubiger nach der ohne sein Wissen erfolgten Herstellung von dem ehedem entstandenen Schaden erfahren und die für ihn entstandene Schadenersatzforderung geltend machen wollen, so könnte der Schuldner einwenden, dass bereits beim Gläubiger der diesem geschuldete Zustand vollständig hergestellt sei, und folglich die Leistung nicht mehr als „geschuldete" Leistung bewirkt werden könne, dass die Obligation durch Unmöglichkeit der Erfüllung[238]) — durch Zweckerreichung erloschen sei.

Das auf S. 105 aufgestellte Ergebnis über das Problem der Zweckerreichung als Erlöschensgrund von Forderungen lässt sich dahin erweitern:

Der obligatorische Anspruch erlischt durch Zweckerreichung, wenn durch ein nicht auf den Anspruch gerichtetes Handeln die Bedürfnisbefriedigung, auf die der Anspruch gerichtet ist, für den Gläubiger vollständig und gleich günstig erreicht ist.[239])

---

[238]) Weil es sich hier zunächst nur um die Inhaltsbestimmung besonders gearteter Fälle der Schadensherstellung, nicht aber eines bestimmten Instituts wie z. B. des conc. duar. caus. lucr. handelt, so muss hier die Begründung auf den Parteiwillen und die besonders gearteten Verhältnisse gestützt werden. — Ist später das allgemeine Prinzip der Zweckerreichung gefunden, so verliert diese Begründung ihre Bedeutung.

[239]) Was bedeutet dies im einzelnen? Es genügt selbstverständlich nicht, dass durch das „nicht (Unterschied gegenüber BGB. § 267) auf den Anspruch gerichtete Handeln" äusserlich der Effekt erzielt wurde, der aus den Ansprüchen geschuldet wird. Dieser Effekt muss vielmehr gleich günstig sein, d. h. die erzielte Bedürfnisbefriedigung muss genau so günstig für den Gläubiger sein, wie wenn der Anspruch erfüllt worden wäre. Dann ist es gleichgültig, ob ein dritter oder der Schuldner selbst den Erfolg mit gleich

Hier dürfte auch auf einzelne Fragen aus der vielumstrittenen Lehre von der Erfüllung[240]) die Antwort gefunden sein.

Gemäss BGB. § 107 kann ein minderjähriger Gläubiger nicht über eine ihm zustehende Forderung verfügen. In der Literatur wird nun einstimmig gelehrt, dass nur in den Fällen, in denen der Gläubiger zur Leistung mitwirken muss, nicht mit Solutionseffekt an den minderjährigen Gläubiger erfüllt werden könne, während bei Leistungen, zu denen eine Mitwirkung des Gläubigers nicht notwendig sei, bereits die in Solutionsabsicht bewirkte Leistung seitens des Schuldners den Solutionseffekt herbeiführe.

Ich habe mehrfach hiergegen geltend gemacht, dass der Solutionseffekt in allen Fällen eine rechtlich gleiche Wirkung im Gläubigervermögen bedeute, dass also stets — weil niemand sich seitens eines Privaten einen Eingriff in seine Herrschaftssphäre, sein Vermögen gefallen lassen muss — eine Verfügung seitens des Gläubigers über die Forderung vorliegen muss. Ich folgerte daraus, dass lediglich die Erklärungshandlungen für diese Verfügungen des

---

günstiger Wirkung hervorrief. Wenn also z. B. im Fall 3 ein anderer Anstreicher — einer von den seltensten Menschen — an dem beschmierten Giebel vorüberging, dessen Schönheitssinn durch die Beschmierung so verletzt wurde, dass er ohne jemals Ersatz für seine Mühewaltung beanspruchen zu wollen, nur aus Liebe zur Kunst und zur Schönheit die Flecken überstrich, so ist die Schadenersatzforderung des Gläubigers erloschen. Denn die Bedürfnisbefriedigung, welche aus der Schadenersatzforderung dem Gläubiger zustand, ist vollständig und gleich günstig erreicht. — Kumulativ wirkt hier auch der Erlöschensgrund der „Unmöglichkeit der Leistung“.

[240]) Vgl. ausser den zitierten Abhandlungen des Verfassers insbesondere Hellwig, Rechtskraft, § 38 S. 260 § 63 und Hellwig, Verträge auf Leistung an dritte, § 14; v. Thur, Zur Lehre von der Anweisung, Jherings J. 48 S. 6.

Gläubigers in den einzelnen Fällen der Erfüllung verschieden sind und zeigte, dass man bei der Annahme von „antizipierten causa-Verträgen“[421]) zu einheitlichen Ergebnissen gelange. Man käme dann für BGB. § 107 zu dem Ergebnisse, dass an den Minderjährigen solche Leistungen, bei denen eine Mitwirkung des Gläubigers zur Leistungsbewirkung unmöglich ist, bewirkt werden können, weil hier bereits die kausale Verfügung, die causa-Akzeptation beim Abschlusse der Obligation seitens des gesetzlichen Vertreters (Vater, Mutter, Vormund, Pfleger) erfolgte.

Damit dürfte diese Streitfrage einheitlich und einfach gelöst sein.

Die Fälle, in denen der Schuldner bona fide an einen in der Verfügungsmacht beschränkten Gläubiger gezahlt hat, behandeln eingehend im Hinblick auf BGB. § 135 Planck BR. I zu § 135 und Hellwig, a. a. O.

Der Grenzregelung zwischen den beiden Kunstausdrücken „Erfüllung“ und „Einziehung“ widmet Hellwig eine Untersuchung.[242]) Und doch bleiben noch immer einige Fragen offen.

Man denke nur an folgende hier besonders interessierende Fälle!

1. Der Baumeister Y. führt für den Bauherrn Z. einen Neubau auf, der von diesem stückweise abgenommen wird (BGB. § 641 I). Plötzlich wird der Bauherr (Gläubiger) wahnsinnig. Muss nun der Schuldner sofort die Weiterführung des Baus (dass „Annahme als Erfüllung“ nötig ist, wird wohl nicht bezweifelt) einstellen?

2. Der Schuldner bezahlt an den minderjährigen Gläubiger in Kenntnis von dessen Minderjährigkeit 100 Mk.

---

[241]) Vgl. Klein, Beiträge zur causa-Lehre, ÖstCBl. 22 S. 452 ff.

[242]) Vgl. Hellwig, Rechtskraft, § 36 Anm. 6; § 63 Anm. 11; ders. Verträge auf Leistung an dritte, § 14 Anm. 203.

Der minderjährige Gläubiger legt die 100 Mk. in eine Schatulle, um nächstens ein Freudenfest zu feiern. Nach drei Tagen — die 100 Mk. liegen unberührt in der Schatulle — wird der minderjährige Gläubiger grossjährig. Noch an demselben Tage fordert er den Schuldner auf, an ihn 100 Mk. zu zahlen. Die frühere „Erfüllung" sei nicht zustande gekommen. Was kann der Schuldner einwenden?

Zunächst Fall 2! — Nach unsern vorhergehenden Ausführungen dringt hier der Schuldner mit der Einwendung, die Obligation sei in ihrem Zweck erreicht, durch. Denn der Gläubiger hat das, was er aus der Forderung zu fordern hat, erhalten, und diese Bedürfnisbefriedigung ist in jeder Beziehung so günstig, wie wenn er die Leistung, welche ihm aus der Forderung zustand, solvendi causa erhalten hätte. Allerdings liegen im Leben die Fälle selten so einfach. Vielfach wird nur teilweise Zweckerreichung vorliegen. Aber das Prinzip, nach dem diese Fälle zu entscheiden sind, dürfte gefunden sein.[243])

Für die durch Beispiel 1 charakterisierten Fälle ergibt sich folgender praktischer Gesichtspunkt. Der Schuldner kann in Fällen, in welchen der Gläubiger zur Erfüllung mitwirken muss (ich wähle hier den Kunstausdruck „zur Erfüllung mitwirken" im Sinne der herrschenden Lehre und scheide die Fälle des antizipierten causa-Vertrags aus) aber

[243]) Immer sind folgende Fragen zu beantworten: 1. Ist der aus der Forderung geschuldete Erfolg überhaupt eingetreten, 2. ist er gleich günstig (Ort und Zeit: durch die Forderung bestimmt!) eingetreten, eventuell ist er noch in dem Augenblick, wo die Forderung zu erfüllen war, gleich günstig? — Gebe ich einem Wahnsinnigen einen Hundertmarkschein in Zahlung, obwohl ich längst weiss, dass er wahnsinnig ist, und der Wahnsinnige zerreisst den Schein, so kann ich mich weder auf Erfüllung noch auf Zweckerreichung berufen. Klebt er ihn in ein Briefmarkenalbum oder in eine Sammlung ausser Kurs gesetzter Geldnoten, so kann Zweckerreichung eingewandt werden.

nicht unbeschränkt verfügungsfähig und ohne gesetzlichen Vertreter ist, ohne Gefahr mit der auf die Bedürfnisbefriedigung des Gläubigers gerichteten Handlung fortfahren (z. B. um durch Unterbrechung entstehende bedeutende Mehrkosten zu ersparen). Nur muss der von ihm geschaffene Zustand zu der Zeit, in welcher die Obligation erfüllt werden musste, ein solcher sein, dass er später den gesetzlichen Vertreter des Gläubigers oder diesen selbst (wenn der Grund der Verfügungsbeschränktheit fortgefallen ist) darauf hinweisen kann, dass der aus der Obligation geschuldete Zustand vollständig und gleich günstig erreicht wurde, und mithin damals die Obligation durch Zweckerreichung in sich zusammenbrach.[244])

Überall, wo aus einem derartigen Grunde die „Erfüllung" misslang, ist zu prüfen, ob die Forderung nicht ganz oder teilweise[245]) durch „Zweckerreichung" erlosch.

Eine Obligation erlischt durch Zweckerreichung, wenn durch einen zufälligen Vorgang ihr Zweck gleich günstig und vollständig erreicht ist. § 13.

Bereits auf S. 106/7 dieses Buches fanden wir, dass die Obligation durch Zweckerreichung erlischt, wenn ihr entfernterer realer juristischer Zweck der Bedürfnisbefriedigung des Gläubigers zufällig — z. B. durch einen zufälligen Vorgang in der Natur — erreicht ist.

[244]) Worauf kann dann der Schuldner seine Gegenansprüche stützen? Auf Erfüllung? — nein. Näheres S. 149/150 dieses Buches.

[245]) Wenn ein Teilerfolg für den Gläubiger überhaupt von Interesse ist. Sonst keine Bedürfnisbefriedigung!

Es handelt sich hier nicht um Fälle, in denen eine Naturkraft im Dienste des Menschen als dessen Werkzeug den Erfolg herbeigeführt hat, sondern um solche Fälle, dass durch einen von jedem menschlichen Zutun unabhängigen Vorgang der aus der Obligation geschuldete Erfolg erreicht wurde.

Nicht hierher gehören also die Fälle, dass a) z. B. ein Unternehmer, der sich verpflichtete, ein alleinstehendes Haus niederzulegen, dieses in Brand steckt, und dass dann das Haus durch Feuer zerstört wird. Denn hier ist das Feuer nur ein Werkzeug in den Händen des Unternehmers. b) Nicht hierher gehört der Fall, dass der Unternehmer, der einen Erdwall beseitigen soll, einen Bach abdämmt und so mit Hilfe des Elements die übernommene Leistung bewirkt. Denn auch hier ist das Element in den Dienst menschlicher Überlegung und Tätigkeit gestellt.

Vielmehr ist hier an folgende Fälle gedacht:

1. Der Schuldner ist verpflichtet, ein alleinstehendes Haus niederzulegen. Der Blitz schlägt ein und zündet und äschert das Gebäude ein.

2. Ein bedrohlich überhängender Felsblock soll weggesprengt werden. X. hat die Arbeit übernommen. Vor ihrer Ausführung wird durch einen Wolkenbruch ein benachbartes Wasser angeschwellt, und von diesem der Felsen in die Tiefe mitgerissen.

3. Ein Turm soll abgebrochen werden. Bevor der Unternehmer mit dem Abbruch beginnt, stürzt der Turm infolge eines Erdbebens ein.

4. Der Gläubiger stirbt, der Schuldner ist sein Erbe. Die Forderung geht unter.

5. Der Gläubiger wird von einem Räuber ermordet, der Schuldner ist sein Erbe. Die Forderung geht unter.

Die sub 4 und 5 genannten Fälle bezeichnet man in der

Literatur als Fälle der confusio. Sie sollen im 2. Teile dieses Paragraphen besprochen werden. Zunächst müssen die sub 1—3 aufgeführten Fälle auf ihre Zugehörigkeit zu unserm Problem untersucht werden.

Man nehme Fall 2.

Auf den ersten Blick wird man geneigt sein, Fälle dieser Art lediglich unter den Erlöschensgrund der Unmöglichkeit der Leistung einzuordnen. Unzweifelhaft ist nach der verheerenden Wirkung des Elements die Leistung des Unternehmers unmöglich geworden, und zwar handelt es sich um unverschuldete objektive nachträgliche Unmöglichkeit.

Aber damit ist die ganze Bedeutung des zufälligen Ereignisses für die zwischen Schuldner und Gläubiger bestehende Obligation noch nicht erschöpft. Bereits früher zeigten wir, dass die Endigungsgründe: Unmöglichkeit der Leistung und Zweckerreichung (Unmöglichkeit der Erfüllung) sich dadurch unterscheiden, dass bei der Unmöglichkeit der Leistung das Bedürfnis des Gläubigers ungestillt bleibt, während in den Fällen der Zweckerreichung das Bedürfnis bereits gestillt ist, so dass die aus der Forderung zu bewirkende Erfüllung nicht mehr möglich ist. — Unmöglichkeit der Leistung liegt in unserm Falle vor, daneben aber noch kumulativ: Unmöglichkeit der Erfüllung. Ist doch in unserm Falle die Forderung in ihrem realen endgültigen Zweck erreicht.

In Fall 1 und 3 ist die Wirkung der kumulativen Endigungsgründe der „Unmöglichkeit der Leistung“ und „Zweckerreichung“ nur eine teilweise. Soweit die ganze Bedürfnisbefriedigung noch nicht eingetreten ist, muss der Schuldner durch Bewirkung des noch geschuldeten Teils der Erfüllung die Obligation zum Erlöschen bringen.

Die letzten Fälle der Zweckerreichung bilden die Fälle der confusio.[246]) Der charakteristischste Fall ist folgender: Der Gläubiger stirbt, der Schuldner ist sein Erbe. — Man lehrt hier allgemein mit vollem Recht, dass die Forderung erlösche. Warum? Die Römer begründeten diese Entscheidung damit, quia ipse mecum agere non possum. Aber wie bereits auf S. 7 Anm. 20 hervorgehoben wurde, ist damit das Wesen der confusio nicht ergründet. Die Römer pflegten ja so häufig Entscheidungen des materiellen Rechts bei der noch ungenügenden Scheidung zwischen materiellem und rein formalem Recht in rein formaler Weise zu begründen, eine Entscheidung, von der jeder fühlt, dass sie zutrifft, in einer plastischen, wenn auch nur das Problem umschreibenden Form zu geben. Aber für unser heutiges Recht reicht eine solche Erklärung nicht aus. Daher scheint mir Rehbeins Begründung der confusio, die dem Satze bei Gaius: quia mecum agere non possum, nachgebildet ist, nicht auszureichen. Auch BGB. §§ 2175 und 425 II werden durch diese Begründung nicht vollständig erklärt.

Wir glauben vielmehr auch hier das Erlöschen der Obligation aus der Zweckerreichung erklären zu können. Werden Gläubiger und Schuldner durch Erbgang identisch, so werden Gläubiger- und Schuldnervermögen e i n e e i n h e i t l i c h e V e r m ö g e n s m a s s e. Die Forderung des Gläubigers (Erblassers) gegen den Schuldner (Erben) ist durch den Erbgang „F o r d e r u n g d e s E r b e n g e g e n s i c h s e l b s t" geworden. M. a .W., die Forderung geht auf Bedürfnisbefriedigung des Erben durch Mittel aus seinem eigenen Vermögen. (Die Einziehung

---

[246]) Rehbein, BR. II; S. 259, 261, 262, 265, 435; Planck, BR. II; S. 207. Dort weitere Literaturangaben; vgl. auch Donellus a. a. O.

dieser Forderung bedeutete einen internen Verwaltungsakt im Vermögen.) Indem aber bereits der reale entferntere juristische Zweck der Forderung — die Bedürfnisbefriedigung des Gläubigers — in der auf die Forderung zu leistenden Zuwendung, in der zu bewirkenden geschuldeten Leistung — im Gläubigervermögen erreicht ist, kann auch hier von Untergang der Obligation durch Zweckerreichung die Rede sein.

Mit confusio bezeichnen wir Fälle von Zweckerreichung. Dies zwingt uns, die Fälle der confusio gegen andere ähnlich gelagerte Fälle abzugrenzen. Confusio liegt vor bei Vereinigung von „Recht und Verbindlichkeit" infolge Erbgangs. Unter Lebenden abgeschlossene Rechtsgeschäfte werden nur in den seltensten Fällen durch confusio erlöschen. Erwirbt jemand z. B. eine Erbschaft, an die er noch eine Leistung schuldete, durch Erbschaftskauf, so erlischt die Forderung bereits bei der Zahlung des Erbschaftskaufpreises durch Erfüllung oder Leistung an Erfüllungsstatt, nicht aber durch Zweckerreichung. Oder ein anderer Fall! Überlässt der Gläubiger unentgeltlich dem Schuldner sein Vermögen, so liegt hierin bezüglich der Forderung ein Erlass. Die Forderung erlischt also nicht durch Zweckerreichung.[247]) Die Fälle von confusio dürften demnach nicht so zahlreich sein, wie vielfach gelehrt wird.[248])

---

[247]) Dass in den durch BGB. §§ 425 II, 2175 geregelten Fällen nicht die nach den strengen Grundsätzen der Logik notwendig gegebene Zweckerreichung eintritt, darf nicht wundern. Muss doch so oft aus Zweckmässigkeitsgründen in der Gesetzgebung von den strengen Grundsätzen der Logik abgewichen werden; vgl. auch Anm. 217 dieses Buches.

[248]) Vgl. auch S. 149 dieses Buches. — Bei der confusio zeigt sich am deutlichsten, dass die von uns bekämpfte Windscheidsche Erklärung der Zweckerreichung nicht in allen Fällen von Zweckerreichung zum Ziele führt.

Endergebnis. § 14.

Die Forderung erlischt durch Zweckerreichung, wenn ihr entfernterer realer juristischer Zweck für den Gläubiger gleich vollständig und günstig durch eine nicht auf die Obligation gerichtete Tätigkeit oder einen zufälligen Vorgang erreicht ist.

Inwieweit im Gesetz aus Zweckmässigkeitsgründen von diesem grossen Grundsatze abgewichen ist, davon handelt der zweite, kasuistische Teil dieses Buches.

III. Kasuistik.

Einleitende Bemerkungen. § 15.

Bereits die Zusammenstellung der im § 1 dieses Buches aufgeführten Rechtsfälle zeigte, eine wie grosse Bedeutung unter den Endigungsgründen von Obligationen dem der Zweckerreichung zuzumessen ist. Galt es im II. Teile dieses Buches, den Erlöschensgrund der Zweckerreichung theoretisch zu erfassen, so soll im folgenden das Gefundene in seiner praktischen Anwendung dargestellt und durch Detailausführungen ergänzt werden. Hierbei schienen mir die in § 1 aufgeführten Fälle der gegebene Ausgangspunkt zu sein.

Die wichtigsten Fälle von Zweckerreichung. § 16.

Fall 1 und 2.[249])

Diese Fälle wurden bereits im II. (theoretischen) Teile dieses Buches eingehend erörtert.[250])

Fall 1 zeigt, dass das Problem der Zweckerreichung weit über das Obligationenrecht hinausragt,[251]) dass dieses Problem für alle Ansprüche mit identischem Zweck (ding-

[249]) Vgl. S. 1 dieses Buches.

[250]) Vgl. S. 89 ff. dieses Buches.

[251]) Vgl. Anm. 212.

liche und obligatorische Ansprüche) in gleicher Weise zu lösen ist.[252]) Ist der reale entferntere juristische Zweck eines Anspruchs durch Erfüllung eines zweckidentischen Anspruchs erreicht, so erlischt der Anspruch durch Unmöglichkeit der Erfüllung — durch Zweckerreichung.

Fall 2 zeigt das Problem der Zweckerreichung in Beschränkung auf das Obligationenrecht. Als typischster Fall von Zweckerreichung wurde er auf S. 89 ff. dieses Buches genau besprochen. Der Hinweis auf diese früheren Ausführungen kann hier genügen.

Fall 3 und 4.[253])

Die Lehre von der Zweckerreichung bei Gesamtschulden und Gesamtforderungen hingegen muss zusammenhängend dargestellt werden. Hierbei lasse ich in Übereinstimmung mit Rappaport[254]) den Meinungsstreit in der gemeinrechtlichen Literatur über den Begriff der Konkurrenz von Ansprüchen unberücksichtigt.[255])

A. Untergang der Verbindlichkeiten durch Zweckerreichung bei Gesamtschulden (BGB. § 420 ff.).[256])

---

[252]) Übereinstimmend Rappaport.

[253]) Vgl. S. 1/2 dieses Buches.

[254]) Vgl. Rappaport, a. a. O. S. 185—188.

[255]) Einiges Material über diesen Meinungsstreit wird man auf den ersten Anlauf finden bei Dernburg, BR. II 1 § 160 ff.; Stammler, S. 240 ff.; Rappaport, a. a. O.

[256]) Die ausgezeichnete Darstellung der Gesamtschulden und Gesamtforderungen Dernburgs, BR. II 1 § 160 ff., diente mir bei Anordnung des Stoffs zum Vorbilde. Unnötige Weitläufigkeiten glaubte ich dadurch am besten vermeiden zu können, dass ich mich an diese allbekannte Darstellung anschloss. Hier ist auch der nächste Aufschluss über die Fragen, die ich nur nach einer speziellen Richtung hin untersuche und beantworte, zu finden.

Für alle Fälle von Gesamtschulden mit Ausnahme der Fälle „unechter Solidarität",[257—258]) die später noch genauer zu erörtern sind, steht fest, dass die Erfüllung[259—260]) eines der Gesamtschuldner gesamtwirkend ist, d. h. das Erlöschen der Verbindlichkeiten der andern Gesamtschuldner durch Zweckerreichung zur Folge hat.

Im einzelnen ist folgendes hervorzuheben:

Verpflichten sich mehrere zu derselben Leistung (Leistung einer Sache, Leistung einer Handlung[261—262]))

---

[257]) Eisele, ArchCivPrax. 77, S. 478; Oertmann, BR. II zum 6. Abschnitt, 5c; ders., Vorteilsausgleichung, S. 123 ff., 272, 277; Schollmeyer, BR. zu § 426 Ziff. 2; Rehbein, BR. II S. 451; Crome, BR. II § 206 Ziff. 3; Dernburg, BR. II 1 § 160 S. 418; Rappaport, a. a. O. S. 186.

[258]) Vgl. auch S. 142 dieses Buches.

[259]) Wir sprechen hier der Kürze halber nur von „Erfüllung" als der wichtigsten Erlöschensart. Inwieweit diese unsere Ausführungen auch für Hinterlegung, Aufrechnung usw. zutreffen, darüber vgl. unsere folgenden Ausführungen.

[260]) Vgl. auch S. 38 ff. dieses Buches.

[261]) Vgl. Dernburg, BR. II § 160 S. 415 II Abs. 2.

[262]) An sich steht nichts im Wege, dass sich mehrere insgesamt etwa durch einen Vertrag zu denselben Unterlassungen verbinden. Aber diese Obligationen sind nicht Gesamtschuldsobligationen. Denn sie können einzeln — mit Rücksicht auf die Natur der Leistung — nicht die ganze Bedürfnisbefriedigung beim Gläubiger herbeiführen, folglich niemals zweckidentisch sein; vgl. Wendt, ArchCivPrax. 92, S. 70 ff. Rappaport hebt auf S. 187 mit Recht hervor, dass die Erscheinung der Zweckerreichung und der Gesamtschuldnerschaft so mit einander zusammenhängen, dass die eine der Ausdruck der andern ist. Dieser Gedanke muss noch schärfer hervorgehoben werden. Während bislang vielfach das allgemeine Prinzip der Zweckerreichung geleugnet und nur besondere Fälle von Zweckerreichung angenommen wurden, muss umgekehrt gelehrt werden, dass diese längst erkannten Fälle von Zweckerreichung nur der Ausdruck eines allgemeinen Prinzips sind, dass anderseits die fälschlich als Regelfälle hingestellten Ausnahmen von diesem allgemeinen Prinzip der Zweckerreichung nur aus Zweckmässigkeitsgründen zugelassene Ausnahmen sind.

durch Gesamtakt[263]) oder aber durch mehrere selbständige Geschäfte,[264]) so erlöschen bei Erfüllung[259]) einer der zweckidentischen Obligationen, die übrigen durch Zweckerreichung. Denn die mehreren Obligationen in der Gesamtschuld gehen auf eine und dieselbe Bedürfnisbefriedigung beim Gläubiger. Ist diese nun durch Erfüllung[259]) einer Obligation erreicht, so erlöschen die übrigen Obligationen der Gesamtschuld durch Unmöglichkeit der Erfüllung — durch Zweckerreichung.

Ein Gleiches gilt für gesetzliche Gesamtschulden, soweit sie aus einem Entstehungsgrunde, z. B. einem gemeinsam geplanten und verübten Delikt, entspringen (Fall 3!). Diese Fälle von Gesamtschulden werden von Rappaport a. a. O. nicht berücksichtigt. Rappaport verfiel hier in den Fehler, die Zweckidentität bei den Obligationen in der Gesamtschuld aus dem Willen der Parteien — „der Abrede, dass einmalige Erfüllung alle Ansprüche tilgen solle" — herzuleiten. Aber es ist ein anderes, einen Gedanken des Gesetzgebers, Gesetzesnormen auf ihre Zweckmässigkeit zu untersuchen bzw. deren Richtigkeit zu begründen, ein anderes die Begründung des einzelnen Rechtsfalles. Hätte Rappaport dies bei seiner Fragestellung berücksichtigt, so wären die gesetzlichen Gesamtschulden sicherlich nicht seinem Blick entgangen.[265])

Nach den strengen Grundsätzen der Logik müsste auch für die Fälle, in denen die gesetzlichen Gesamtschulden aus verschiedenen und selbständigen Gründen entsprangen

[263]) Vgl. Kuntze, Der Gesamtakt ein neuer Rechtsbegriff, in den Festgaben für O. Müller, 1892.

[264]) Etwa dadurch, dass man die bestehende Verpflichtung des Schuldners neben ihm kumulativ übernimmt.

[265]) Die Ausführungen Rappaports gegen Peters (a. a. O. S. 187 Anm. 1) verdienen volle Zustimmung.

(mehrere sind aus verschiedenem Rechtsgrunde zum Schadenersatze verpflichtet), — angenommen worden, dass durch die Erfüllung eines der verschiedenen Ansprüche die andern erlöschen. Indes wurde aus Zweckmässigkeitsgründen für diese Fälle der „unechten Solidarität“[266]) das allgemeine, logisch richtige Prinzip durchbrochen. Näheres hierüber auf Seite 134 ff. dieses Buches!

Bedeutsam für unser Problem der Zweckerreichung ist, dass die prinzipielle Unterscheidung, die die herrschende Lehre des gemeinen Rechts zwischen der römischen Korreal- und Solidarobligation machte,[267]) für das geltende bürgerliche Recht gefallen ist.

Im BGB. gelten Gesamtschulden ohne Unterschied als mehrere Verpflichtungen, welche auf einen Zweck gerichtet sind, mögen sie durch einen Vertrag ins Leben gerufen sein oder in anderer Weise.[268])

Bislang war nur von der gesamtwirkenden Kraft der Erfüllung einer Verpflichtung in der Gesamtschuld die Rede. Erlöschen auch bei den andern Endigungsgründen von Ansprüchen (Aufrechnung, Hinterlegung usw.) die übrigen Verpflichtungen in der Gesamtschuld durch Zweckerreichung?

Die übrigen Verpflichtungen in der Gesamtschuld

---

[266]) Vgl. S. 134 ff. dieses Buches. Übereinstimmend Dernburg, BR. II § 160 S. 418.

[267]) Die Korrealobligation bildet eine einzige Obligation, die objektive Einheit, aber subjektive Verschiedenheit hat. Die Solidarobligation bildet verschiedene Obligationen mehrerer auf dieselbe Leistung. Über dieses Keller-Ribbentropsche Dogma vgl. Dernburg Pand. II § 72.

[268]) Vgl. Dernburg, BR. II § 161 Anm. 3. — Aber bietet BGB. § 425 nicht eine Hintertüre, um den alten Meinungsstreit in der gemeinrechtlichen Literatur auch in das BGB. hineinzutragen?

endigen durch Zweckerreichung bei Erlöschen eines Anspruchs durch

1. Erfüllung,[269])
2. Erfüllung durch einen dritten,[270])
3. Leistung an Erfüllungsstatt,
4. Novation,
5. unwiderruflicher Hinterlegung,[271])
6. Aufrechnung.[272])

Erlischt eine der mehreren Verpflichtungen in der Gesamtschuld durch Vereinigung von Forderung mit der Schuld, so erlischt diese Schuld durch Zweckerreichung. In der Regel aber bleiben aus Zweckmässigkeitsgründen die andern Verpflichtungen bestehen (BGB. § 425 II). In einzelnen Fällen aber kommt auch das streng logische Prinzip zum Durchbruch, dass alle Verpflichtungen durch Zweckerreichung erlöschen.[273])

B. Untergang von Forderungen durch Zweckerreichung bei Gesamtforderungen (§ 428 ff. BGB.).[256])

Wann kann bei Gesamtforderungen von Erlöschen durch Zweckerreichung die Rede sein?

Diese Frage lässt sich zunächst allgemein dahin beantworten: Erlöschen von Forderungen durch Zweckerreichung ist nur dann möglich, wenn durch die Erfüllung[259]) einer

---

[269]) BGB. § 426 II: Soweit ein Gesamtschuldner den Gläubiger befriedigt und von den übrigen Schuldnern Ausgleichung verlangen kann, geht die Forderung des Gläubigers gegen die übrigen Schuldner auf ihn über, ist bereits in Anm. 217 besprochen.

[270]) Vgl. Anm. 269 und BGB. § 426 II, § 268.

[271]) Bei widerruflicher Hinterlegung ruhen nur die übrigen Verpflichtungen in der Gesamtschuld, erlöschen also nicht durch Zweckerreichung.

[272]) Bei Erlass ist Erlöschen der andern Verpflichtungen durch Zweckerreichung unmöglich.

[273]) In diesen Fällen wirkt die Zweckerreichung (confusio) selbst zweckerreichend für die andern Verpflichtungen.

Forderung die aus den andern zweckidentischen Forderungen geschuldete Bedürfnisbefriedigung erreicht ist. Identität des entfernteren realen juristischen Zwecks, d. h. Identität der Bedürfnisbefriedigung setzt aber in der Regel nur einen Gläubiger voraus. Denn nur in einer Interessensphäre (bei vermögenswerten Forderungen), in einem Vermögen kann (in der Regel) eine Mehrheit von Forderungen auf einen identischen realen entfernteren Zweck, eine identische Bedürfnisbefriedigung gerichtet sein. Ohne das unentbehrliche Moment des „einen Gläubigers" ist Identität von Forderungen im allgemeinen undenkbar.

Eine Ausnahme von jener Regel bilden die Fälle, wo das römische Recht aktive Solidarität annahm, d. h. wo die Forderungsrechte mehrerer Personen darauf gerichtet sind, dass nicht einer beliebigen Person unter ihnen, sondern nur einer bestimmten Person geleistet werde, wo der Schuldner also nur durch Leistung an diese eine bestimmte Person seiner Verpflichtung ledig wird. Zur Beleuchtung folgendes Beispiel!

> X. bedingt mit Y. eine Leistung an Z. mit der Wirkung aus, dass Z. unmittelbar das Recht erwerbe, die Leistung zu fordern.
>
> Nach BGB. §§ 328, 335 stehen in diesem Falle
>
> 1. dem X.
> 2. dem Z.
>
> die Ansprüche gegen den Y. auf Bewirkung der bedungenen Leistung an Z. zu.

Beide Forderungen der Gesamtgläubiger X. und Z. haben gleichen Inhalt, dienen einem gleichen realen entfernteren juristischen Zweck. Bedürfnisbefriedigung für X. und Z. ist die Einreihung der Leistung in das Vermögen des Z. Die Erfüllung der Forderung des Z. durch Y. hat die Unmöglichkeit der Erfüllung der X.schen Forderung durch Y.

zur Folge, weil der Erfolg, auf den die X.sche Forderung abzielte, bereits erreicht ist. Gleiches gilt im umgekehrten Falle.

Ganz anders liegen die Dinge in folgendem auch zu den Gesamtforderungen gehörenden Rechtsfall (BGB. § 2151):

> X. beschwert seinen Erben Y. mit einem Vermächtnis, dass einer seiner drei Freunde A., B., C. aus dem Nachlasse eine Forderung in Höhe von 10 000 Mk. gegen D. erhalten solle. Wer von den dreien das Vermächtnis erhalte, solle der Beschwerte Y. oder der Hausarzt Q bestimmen.
>
> X. stirbt. Y. und Q. können ihr Bestimmungsrecht nicht ausüben. A., B., C. werden nun Gesamtgläubiger des D.
>
> Kaum hatte D. hiervon erfahren, als er A. einen Besuch machte und ihm erzählte, er wolle die stets kündbare Forderung demnächst erfüllen. A. beschwur ihn, an ihn (A.) zu zahlen. C. gehörte zur Tischgesellschaft, in der D. verkehrte. Seit dem Momente der Gesamtgläubigerschaft pflegte er D. jeden Abend nach Hause zu geleiten. Wie erstaunt aber waren A. und C., als plötzlich B., freudestrahlend ihnen erzählte, D. habe an sie nichts mehr zu leisten, da er ihm die Gesamtforderung erfüllt habe.

Bereits auf den ersten Blick tritt hier deutlich hervor, dass die Erfüllung an B. nicht eine Bedürfnisbefriedigung bei A. und C. zur Folge hat. Diese Forderungen erlöschen nicht, weil der reale entferntere Zweck — die Bedürfnisbefriedigung — erreicht ist, sondern deshalb, weil sie ohne befriedigt zu haben, nicht mehr wirken können. Dieser Endigungsgrund sieht dem der „Unmöglichkeit der Leistung“ ähnlich, ohne aber mit ihm zusammenzufallen.

Er steht als dritter Typus zwischen „Unmöglichkeit der Leistung" und „Unmöglichkeit der Erfüllung" (Zweckerreichung).

Daraus ergibt sich für uns, dass wir die gesamtwirkende Kraft der Erfüllung[259]) einer der Gesamtforderungen für die übrigen Gesamtforderungen auf zwei Ursachen zurückführen und dementsprechend die in BGB. § 428 ff. geregelten Fälle in zwei Klassen zerlegen müssen. Einmal hat man es bei dieser Gesamtwirkung um Fälle zu tun, bei denen durch Erfüllung einer der Gesamtforderungen die übrigen durch Zweckerreichung erlöschen, dann aber handelt es sich um Fälle, wo die Erfüllung einer Gesamtforderung nicht die Bedürfnisbefriedigung, welche aus den andern Gesamtforderungen geschuldet wird, erreicht, wo diese Forderungen nicht die Befriedigung des Gläubigers erreichen können, mithin ihre Existenzberechtigung verlieren und zur Aufhebung reif sind.[274])

Für uns kommen nur die ersteren Fälle in Betracht, wo die Forderungsrechte mehrerer Personen darauf gerichtet sind, dass einer bestimmten Person geleistet werde, der Schuldner also nur durch Leistung an diese eine bestimmte Person seiner Verpflichtung ledig wird.

Der wichtigste dieser Fälle aktiver Solidarität,[275]) der des Vertrags zugunsten eines dritten ist bereits in dem Beispiel auf S. 126 erwähnt. Er ist indes nicht der einzige. Auch die übrigen Fälle sog. Innengesellschaft bieten hierfür Beispiele. Hervorgehoben sei noch der Fall, dass dem Vertreter nach aussen hin die volle Legitimation als Gläu-

[274]) Vgl. Crome, BR. II 138 Ziffer 3 u. § 181 S. 230.

[275]) Vgl. Jhering in Jherings J. 24 S. 129 ff.; Puchta, Pandekten § 223; Windscheid, § 298 Note 1, § 494 Note 9, § 625 Note 17; Dernburg, II 71 No. 2; Dernburg, BR. II § 164; Stammler, § 170; Crome, BR. II; § 208; Rappaport a. a. O. S. 187.

biger eingeräumt ist. Immerhin bilden diese Fälle, wo die Erfüllung einer Gesamtforderung das Erlöschen der übrigen Gesamtforderungen durch Zweckerreichung zur Folge hat, die Minderheit unter den durch BGB. § 428 ff. geregelten Fällen.[276])

Zweifelhaft kann es sein, ob in den Fällen, welche BGB. §§ 525, II und 2194 regeln, Erlöschen von Gesamtforderungen durch Zweckerreichung vorkommt oder nicht. Bekanntlich wird in der Literatur[277]) darüber gestritten, ob die in BGB. §§ 525, II und 2194 geregelten Fälle Fälle von Gesamtforderungen kraft Gesetzes sind oder nicht. Ich glaube, dass die gleichmässige Behandlung der in beiden Normen unseres BGBs. geregelten Fälle nicht zum Ziele führt. Während es sich bei den in BGB. § 2194 geregelten Fällen um — und das ist doch Wesensmerkmal, ist wichtigste Voraussetzung bei Gesamtforderungen — eine Mehrheit von nebeneinander bestehenden zweckidentischen Forderungen handelt, ist dies m. E. bei BGB. § 525 II nicht der Fall.[278])

Für die im BGB. § 2194 geregelten Fälle nehme ich im Falle der Erfüllung einer der Gesamtforderungen Erlöschen der übrigen Gesamtforderungen durch Zweckerreichung an.[279])

---

[276]) Übereinstimmend Rappaport, a. a. O.

[277]) Crome, BR. II § 206 Anm. 36, dort Literaturangaben; Dernburg, BR. II § 164 Anm. 2.

[278]) 525 II BGB: „So kann nach dem Tode des Schenkers auch die zuständige Behörde die Vollziehung verlangen." Also zu Lebzeiten nicht! Ist ein Ruhen eines zweckidentischen Anspruchs der Behörde zu Lebzeiten des Schenkers (nur so liesse sich die Gesamtforderung retten) anzunehmen? Ich glaube nicht.

[279]) Alle Ansprüche haben einen identischen Zweck: Vollziehung der Auflage an eine bestimmte Person.

Bislang war nur von der gesamtwirkenden Kraft der Erfüllung bei den hierher gehörigen (von uns näher umgrenzten) Gesamtforderungen die Rede. Erlöschen auch bei den andern Endigungsgründen von Forderungen (Aufrechnung, Hinterlegung usw.) die übrigen Forderungen bei den hierher gehörigen Gesamtforderungen durch Zweckerreichung?

Sie endigen durch Zweckerreichung bei Erlöschen einer Gesamtforderung durch

1. Erfüllung,
2. Erfüllung durch einen dritten,
3. Leistung an Erfüllungsstatt,
4. Aufrechnung,
5. unwiderrufliche Hinterlegung,[280])
6. Novation (BGB. § 607 II!),
7. Vereinigung von Forderung und Schuld.[281–282])

Fall 5 und 6[283])

fanden bereits im theoretischen Teile des Buches ihre Erledigung.[284])

Auch für die Verwertungsrechte und die dinglichpersönliche Haftung[285]) zeigten wir, dass sie so gedacht sind,

---

[280]) A. A. Planck, BR. II zu § 429 Ziffer 1; dagegen mit Recht Dernburg, BR. II § 165 Anm. 5.

[281]) Die einzelne Forderung erlischt durch Zweckerreichung und wirkt — hier fand das streng logische Prinzip für alle Fälle Anwendung — weiter dahin, dass auch die übrigen Gesamtforderungen durch Zweckerreichung erlöschen.

[282]) Vgl. auch S. 211 dieses Buches; die Vereinigung kann auch durch Abtretung der Gesamtforderung an den Schuldner erfolgen. So Stammler, S. 261. Übereinstimmend Dernburg u. Crome a. a. O.

[283]) Vgl. S. 2/3 dieses Buches.

[284]) Vgl. S. 102 ff. dieses Buches.

[285]) Vgl. Cosack, Lehrbuch des Handelsrechts, VI. Aufl. § 34 II 1b III; § 36 I 1, II 2. cβ, f.; § 37 III.

dass die Verwirklichung des akzessorischen Verwertungsrechts das Erlöschen der zweckidentischen Obligation zur Folge hat.[286]) Man denke hier an Fahrnispfandrecht und Hypothek, an das „Pfandrecht" als selbständiges Verwertungsrecht im HGB., an die Verwirklichung des Zurückbehaltungsrechts u. dgl. In allen diesen Fällen hat die Verwirklichung des zweckidentischen dinglichen Anspruchs das Erlöschen des obligatorischen Anspruchs durch Zweckerreichung zur Folge.[287])

Weil es sich bei den Wahlobligationen nach richtiger Ansicht[288]) nur um eine Obligation mit mehreren Leistungen handelt, nicht aber um zwei in einem gegensätzlichen Bedingungsverhältnisse stehende Forderungsrechte, so kommen die Wahlobligationen für unsere Untersuchung nicht in Betracht.

Fall 7, 8, 9, 10, 11.[289])

Die Fälle 7—11 gehören zu dem in letzter Zeit mehrfach erörterten Problem der „Aufrechnung von Vorteilen"[290]) der „Vorteilsausgleichung beim Schadenersatz".[291—292]) Das Wesen der „Aufrechnung von Vorteilen" besteht allgemein gesprochen darin,[293]) dass der Schädiger befugt ist, Vorteile, die er dem Beschädigten verschafft hat, auf einen

---

[286]) Vgl. S. 106 dieses Buches!

[287]) Vgl. HGB. §§ 487, 754 No. 3, 481, 366, 368, 397, 410, 421, 440, 443, 725, 674, 623—627, 553, 486, 754 No. 8. BinnenSchG. §§ 5, 102—118, § 8 Abs. 4.

[288]) Dernburg, II § 27; ders. BR. II 1 § 43; Windscheid, § 255, besonders Note 5; Litten, Wahlschuld S. 18.

[289]) Vgl. S. 3/4 dieses Buches.

[290]) Dernburg BR. II 1 § 31.

[291]) Oertmann, Vorteilsausgleichung.

[292]) Crome, BR. II S. 77 ff.

[293]) Vgl. Dernburg, BR. II 1 § 31.

Schaden, für den er ihm haftet, aufzurechnen — sog. compensatio lucri cum damno.

Besteht ein Zusammenhang zwischen dem Problem der „Aufrechnung von Vorteilen“ und dem Problem des „Erlöschens der Obligation durch Zweckerreichung“?

Oertmann[294]) hat mit eingehender Kritik der Gegenansichten nachgewiesen, dass es sich bei der Vorteilsanrechnung nicht um einen Fall der compensatio im technischen Sinne handle, dass sie auch systematisch nicht zur compensatio gehöre. Er führt dann weiter aus, dass die Lehre von der Vorteilsanrechnung überhaupt nicht in die Lehre von der Tilgung der Obligation, sondern einfach in die Lehre vom Schadenersatz gehöre.[295])

Dieser letzte Satz ist zu weit gefasst.

Auf ihn ist daher in tunlichster Kürze einzugehen.

Erlöschen einer Forderung durch Zweckerreichung liegt vor, wenn ihr entfernterer realer juristischer Zweck für den Gläubiger gleich vollständig und günstig durch eine nicht auf die Obligation gerichtete Tätigkeit oder einen zufälligen Vorgang erreicht ist.

Man prüfe nun die Fälle der Vorteilsausgleichung durch und man wird finden, welches Gebiet gemeinsam beiden Problemen zugehört.

Zweckerreichung liegt überall dort nicht vor, wo ein und dasselbe[296]) schädigende Ereignis Vorteil und Nachteil verursachte, wo die Aufrechnung von Nachteil und Vorteil lediglich bezweckt, das Nettoergebnis des schädigenden Ereignisses festzustellen. Denn hier handelt es

---

[294]) Vgl. Oertmann, Vorteilsausgleichung, S. 20—23.

[295]) Vgl. ROHG. XX. S. 224.

[296]) Vgl. vor allem Crome, BR. II § 151 Ziff. 4 S. 77 ff.; Oertmann, Vorteilsausgleichung S. 24, 25 ff.; Literaturangaben bei Crome und Oertmann; vgl. auch Dernburg, BR. II 1 § 31.

sich — soweit der Geschädigte Ersatz seines Interesses in Geld begehrt — lediglich um die compensatio des Nachteils und des Vorteils, zweier inhaltlich einander entgegengesetzter Faktoren der Interessenberechnung, nicht aber um zwei Ansprüche, die kompensiert werden können. Es handelt sich um Feststellung der Höhe der einen Forderung durch Vergleich und Substraktion der beiden Faktoren der Interessenberechnung: Vorteil und Schaden. Der Gedanke an teilweise Tilgung (Zweckerreichung [teilweise Zweckerreichung]) der Forderung ist ausgeschlossen, weil der anzurechnende Vorteil nicht auf die Zerstörung einer bereits bestehenden Forderung hinwirkt, vielmehr lediglich dazu dient, den Umfang der Forderung festzustellen. Die Forderung des Beschädigten entsteht eben nur soweit, wie es der zugleich verursachte Vorteil zulässt.

Soweit aber (ein und dasselbe Ereignis hat Schaden und Vorteil verursacht) der Geschädigte Naturalherstellung verlangt, — handelt es sich allerdings um zwei selbständige Ansprüche, da der herstellende Schädiger Abtretung oder Herausgabe des lucrum verlangen kann. Aber von einer compensatio kann auch hier nicht die Rede sein, sondern höchstens nur von einer Retention.[297]) Nach bewirkter Leistung kann der herstellende Schädiger höchstens Abtretung der dem Berechtigten gegen dritte zustehenden Ansprüche verlangen; zur Zeit der Inanspruchnahme hatte er keinen Anspruch darauf. Dass in diesen Fällen nicht an Tilgung der Forderung — speziell durch Zweckerreichung — zu denken ist, bedarf wohl keines Beweises.

Es fragt sich nun, wann kann gesagt werden, dass dasselbe schädigende Ereignis Vorteil und Nachteil verursachte? Bekanntlich gehört die Lehre von der „Ver-

---

297) Vgl. Oertmann, a. a. O. S. 20 ff.

ursachung" zu den streitigsten Lehren des Zivil- und Strafrechts. Selbstverständlich geht es über den Rahmen dieses Buches weit hinaus, zu den verschiedenen Theorien Stellung zu nehmen. Wir müssen uns vielmehr damit begnügen, darauf hinzuweisen, dass wir die von v. Kries[298]) begründete nunmehr von Hass,[299]) Zitelmann,[300]) Rümelin,[301]) Crome,[302]) Oertmann,[303]) Isay,[304]) Titze[305]) u. a. vertretene Auffassung für die richtige halten. Wir nehmen mit diesen Schriftstellern an, dass die Unterscheidung zwischen adäquater und inadäquater Verursachung für die Jurisprudenz unentbehrlich ist, dass unsere Frage, ob bei einer schädigenden Handlung dem Schädiger der für den Gläubiger entstandene Vorteil angerechnet werden kann oder nicht, nur vom Standpunkte der „nachträglichen objektiven Prognose" entschieden werden kann. Zutreffend entscheidet Rümelin daher die Frage, ob compensatio lucri cum damno vorliege oder nicht, allgemein dahin, dass, wo der Vorteil zwar die betreffende Handlung zur Voraussetzung habe aber weiter auch im Bedingungsverhältnis zu späteren Ereignissen stehe, die zur Zeit der beschädigenden Handlung auch vom Standpunkte der nachträglichen objektiven Prognose in keiner Weise erwartet werden konnten,

---

298) Vgl. Vierteljahresschr.' f. d. wissenschaftl. Philosophie 12. Bd. S. 180 ff.

299) Vgl. Hass, Jehrings J. 37 S. 346 ff.

300) Vgl. Zitelmann, BR. S. 155.

301) Vgl. Rümelin, ArchCivPrax. 90 S. 171—344; auch als Separatdruck erschienen.

302) Vgl. Crome, BR. II S. 476.

303) Vgl. Oertmann, a. a. O. S. 77 ff.

304) Vgl. Isay, Geschäftsführung 1900 S. 109.

305) Vgl. Titze, Unmöglichkeit der Leistung S. 129 ff.; dazu Oertmann, a. a. O. S. 80; Isay und Titze wenigstens im Ergebnis.

nicht von einer compensatio lucri cum damno die Rede sein könne.[306—308])

Damit ist die wichtige Linie gefunden, durch die das Problem der Vorteilsausgleichung im engern (eigentlichen) Sinne[309]) gegen das Problem der Zweckerreichung abgegrenzt wird. Soll aber der Kunstausdruck „Vorteilsausgleichung" in dem weiteren Sinne der herrschenden Lehre[310]) genommen werden, so grenzt die von Rümelin,[311]) Zitelmann[312]) und Titze[313]) gefundene Linie das den beiden Problemen der „Vorteilsausgleichung" und „Zweckerreichung" gemeinsame Gebiet ab. Diejenigen Fälle, in denen man vom Standpunkte der nachträglichen objektiven Prognose sagen muss, dass der Vorteil auf demselben Ereignis beruhe, das auch den Nachteil hervorgerufen hat, scheiden für unsere Untersuchung vollständig aus, weil sie lediglich dem Gebiet der Vorteilsausgleichung[314]) zugehören,[315]) weil hier der Vorteil nur Faktor bei der Interessenberechnung ist.[316])

---

[306]) Vgl. Rümelin, Separatabdruck S. 106—109.

[307]) Vgl. Crome, BR. II S. 77, 78.

[308]) Selbstverständlich kann auch hier unsere Arbeit nicht die vielen Streitfragen in Judikatur und Literatur behandeln. Es muss genügen, wenn die allgemeinen Gesichtspunkte deutlich hervortreten. Näheres bei Crome, a. a. O. dort genaue Literaturangaben.

[309]) Vielleicht dürfte es sich empfehlen, die weitere Fassung des Problems der Vorteilsausgleichung fallen zu lassen. Die engere ist richtiger.

[310]) Vgl. Oertmann, Crome, Dernburg, a. a. O.

[311]) a. a. O. S. 105—109. — [312]) Dazu Oertmann, a. a. O. S. 80.

[313]) a. a. O. S. 140. — [314]) Im engeren Sinne.

[315]) Man prüfe die bei den genannten Schriftstellern besprochenen und zitierten Entscheidungen und Lehrmeinungen nach, und man wird finden, dass für alle diese Fälle unsere Ausführungen auf S. 133 dieses Buches zutreffen.

[316]) Diese Entscheidung ist innerlich gerechtfertigt. Vgl. Crome, BR. II S. 77.

Ganz anders in den Fällen, wo der Vorteil zwar die betreffende Handlung zur Voraussetzung hat, aber weiter auch zu späteren Ereignissen im Bedingungsverhältnisse steht, die zur Zeit der beschädigenden Handlung auch vom Standpunkt der nachträglichen objektiven Prognose in keiner Weise erwartet werden konnten.

Hier wird mit Recht allgemein[317]) gelehrt, dass der Vorteil nicht abzugsfähig sei. Denn nur dort, wo vom Standpunkte der nachträglichen objektiven Prognose aus von einer adäquaten Kausalität zwischen dem schädigenden Ereignisse und dem Vorteil gesprochen werden kann,[318]) ist die compensatio lucri cum damno innerlich gerechtfertigt.

Über die Begründung dieser Entscheidung — vor allem aber über die Einordnung dieser Fälle in dem System des Obligationenrechts — herrschen noch immer Zweifel.[319])

Wir nehmen an, dass diese Fälle zu dem Problem des Erlöschens der Obligation durch Zweckerreichung gehören. Sie zerfallen nach u. A. in zwei Hauptkategorien:

1. Fälle, wo das schädigende Ereignis Voraussetzung für die Entstehung eines Anspruches gegen einen dritten ist,[320]) wo der eingetretene Schaden von dritter Seite gemäss dem entstandenen Anspruch eine Ausgleichung erfährt.
2. Fälle, in denen ein eingetretener Schaden von dritter Seite ohne nach dieser Seite begründeten Anspruch eine Ausgleichung erfährt.[321])

---

[317]) Vgl. Crome, a. a. O. S. 78; Oertmann, a. a. O. S. 170.

[318]) Die Grenze zieht deutlich und zutreffend Crome, a. a. O., dem wir uns anschliessen; vgl. besonders die Anm. 54ff., a. a. O.

[319]) Vgl. Rappaport, a. a. O. S. 154 ff. u. 188—192.

[320]) Selbstverständlich, ohne dass adäquate Kausierung vorliegt.

[321]) Beispiele bei Stammler S. 328; Hellwig, Vertr. auf Leistung an dritte S. 83; Stammler, Einrede S. 2; Oertmann, a. a. O. S. 91.

Für die Zugehörigkeit der sub 1 aufgeführten Fälle zum Problem der Zweckerreichung hat sich bereits Rappaport[322]) mit grosser Entschiedenheit ausgesprochen.[323]) Aber seine Ausführungen bedürfen m. E. der Berichtigung wie der Ergänzung.

Rappaport nimmt für diese Fälle kumulativ kausale und finale Verknüpfung zwischen dem Schadenersatzanspruch des Beschädigten und dessen Anspruch gegen einen dritten auf Ausgleichung des Schadens an. Diese Auffassung Rappaports gründet sich auf eine von uns abweichende Anschauung über „Kausalität".[324]) Verlangt man „adäquate Kausalität", so muss man die kausale Verknüpfung zwischen beiden Ansprüchen verneinen und kann lediglich die finale Verknüpfung anerkennen.[325])

Vor allem aber bedürfen Rappaports in anderm Zusammenhange gemachten Untersuchungen für unsere Zwecke der Ergänzung, weil er die sub 2 genannten Fälle nicht berücksichtigt hat.

Handelt es sich bei diesen Fällen um Fälle von Zweckerreichung?

a) Während bei den Fällen der compensatio lucri cum damno im engeren (eigentlichen) Sinne der „Vorteil" lediglich die Aufgabe eines Faktors zur Interessenberechnung, zur Feststellung der Höhe der einen Forderung hat, ist

---

322) Vgl. Anm. 319.

323) Inwieweit Eichhoff nach dem Zitat bei Oertmann S. 110 (vgl. auch Rappaport S. 191) bereits die Zugehörigkeit dieser Fälle zu dem Problem der Zweckerreichung annahm, konnte ich leider nicht feststellen, da der Verfasser das Buch aus dem Buchhandel zurückgezogen hat und mir das Buch nicht zugänglich war.

324) Rappaport, a. a. O. S. 188 Anm. 4.

325) Näheres hierüber in den folgenden Ausführungen.

der „Vorteil" in diesen Fällen eine selbständige Grösse, liegen in diesen Fällen zwei selbständige Ansprüche vor. Die Schadenshandlung, die den Schaden setzte, ruft gleichzeitig die selbständige Schadenforderung und den selbständigen Versicherungsanspruch hervor.

Selbständig!

Da eine juristisch relevante kausale Verknüpfung zwischen beiden Ansprüchen nicht vorliegt, so tritt zwischen den beiden Forderungen als solchen — und nur hier wäre eine compensatio lucri cum damno denkbar — nicht Vorteilsausgleichung ein.

Es bleibt folglich lediglich die Frage offen, wie sich die beiden Ansprüche in ihrer Entwicklung, speziell in ihrer Befriedigung zu einander verhalten.

Die Antwort auf diese Frage ergibt sich bei der Betrachtung folgenden Rechtsfalles:

> A. zertrümmert eine Spiegelscheibe am Laden des X. X. hat diese Spiegelscheibe bei Z. versichert. Durch die schädigende Handlung entstehen für X. zwei Ansprüche:
>
> 1. Anspruch X. → A. auf Schadenersatz;
> 2. Anspruch X. → Z. auf Zahlung der Versicherungssumme.

Prüft man beide Ansprüche auf ihren entfernteren realen juristischen Zweck nach, so wird man finden, dass sie auf die gleiche Bedürfnisbefriedigung für X. hinzielen, — der Anspruch X. → A. wie der Anspruch X. → Z. geht auf Befriedigung des durch die schädigende Handlung des A. für X. entstandenen Bedürfnisses, — dass es sich bei beiden Ansprüchen um Ansprüche mit identischem Zweck handelt. Es liegt hier ein Fall der bereits von uns erwähnten „unechten Solidarobligationen" vor. Wegen der Zweckidentität der Ansprüche gegen Beschädiger und Versicherer muss die vollständige Erfüllung des einen Anspruchs das Erlöschen des andern Anspruchs durch „Unmöglichkeit der Erfüllung“ — Zweckerreichung — zur Folge haben. Auf dieses allgemeine Prinzip der Zweckerreichung ist es zurückzuführen, dass — wie einstimmig angenommen wird — die vollständige Erfüllung der Schadensforderung durch den Beschädiger das Erlöschen der Forderung des Beschädigten gegen den Versicherer zur Folge hat.

Gilt dies auch im umgekehrten Falle? Wird der Beschädiger frei, wenn der Versicherer den Schaden durch Leistung der Versicherungssumme gedeckt hat? Nach den strengen Regeln der Logik müsste diese Frage bejaht werden. Aber solch Ergebnis spräche aller Billigkeit Hohn. Hier musste — wie so häufig im Recht — aus Billigkeits- und Zweckmässigkeitsgründen entgegen dem logischen Postulat des Prinzips entschieden werden.[326]) Es musste erzielt werden, dass doch in letzter Linie die Leistung aus dem Vermögen dessen erfolgte, der zuerst für sie haftete. Der Weg nun, den der Gesetzgeber zur Erreichung dieses Zieles einschlug, war folgender: Die Forderung gegen den Beschädiger geht bei der Befriedigung des Gläubigers durch den Versicherer auf den Versicherer über.[327])

Dass es sich bei dieser cessio ficta, deren Ergebnis wir nicht entbehren können, nur um einen Notbehelf handelt, den man vergeblich versuchen wird logisch zu erklären, darauf wurde bereits in Anm. 217 dieses Buches hingewiesen.

Darin ist Oertmann[328]) in seinen Ausführungen gegen

---

[326]) Vgl. Mot. zum BGB. II S. 782; Rappaport, a. a. O. S. 189.

[327]) Vgl. Anm. 217 dieses Buches.

[328]) Vgl. Oertmann, Vorteilsausgleichung S. 146.

Piloty[329]) und Riesenfeld[330]) zuzustimmen, dass diese Lösungsversuche sich mit dem geltenden Rechte nicht vereinigen lassen. Für das geltende Recht sind wir an die Konstruktion des Gesetzes gebunden.

Aber würde sich de lege ferenda die von Piloty und Riesenfeld vorgeschlagene Lösung der Schwierigkeit empfehlen? Nach beider Auffassung handelt es sich „bei dem Aufrechterhalten des Anspruchs gegen den Beschädiger in der Tat nicht um einen auf Rechtsgründen, sondern auf wirtschaftlichen Rücksichten basierenden, ganz neuen, selbständigen Erstattungsanspruch, der nur durch die Voraussetzungen seiner Entstehung und durch die Beschränkung seines Umfanges auf die Höhe des dem Verletzten nach bisherigem Haftpflichtrechte bereits zustehenden Ersatzanspruchs mit dem letzteren zusammenhängt“. Diese Konstruktion hat den Nachteil, dass sie dem Versicherer nicht die gleich günstige Position schafft, wie die cessio ficta.[331—333])

Mir scheint die bereits in l. 36 D. 46 1: „sed quodammodo nomen debitoris vendidit“ de lege ferenda die durchsichtigste und klarste Form zu sein, in der mit Hilfe der Rechtsnachfolge durch Rechtsgeschäft eventuell einer Vermutung, dass der zahlende Bürge, Versicherer usw. dieses Geschäft abschliessen wollte, die unentbehrlichen Ergebnisse der cessio ficta erreicht werden können.[334—335])

---

[329]) Vgl. Piloty, Reichsunfallversicherungsrecht I S. 147.

[330]) Vgl. Riesenfeld, Das besondere Haftpflichtrecht der deutschen Arbeiterversicherungsgesetze 1894, besonders S. 222.

[331]) Vgl. auch Oertmann, a. a. O. S. 146.

[332]) Dass der Anspruch nicht auf „wirtschaftliche“ Rücksichten aufgebaut werden kann, sondern nur auf rechtliche Erwägungen, darauf wurde bereits früher mehrfach hingewiesen. — [333]) Vgl. auch Anm. 217.

[334]) A. A. Rappaport, a. a. O. S. 189 Anm. 2.

[335]) Vgl. auch Oertmann, a. a. O. S. 126.

Damit dürfte die Zugehörigkeit der Fälle sub 1 auf S. 136 dieses Buches zum Problem der Zweckerreichung erwiesen sein.[336])

Zur Beleuchtung der auf S. 136 dieses Buches sub 2 genannten Fälle folgendes Beispiel:

X. erkrankte. Frau X. holte in der Apotheke des S. ein dem Rezept des Hausarztes entsprechendes Medikament. Kaum hatte X. einen Teil des Medikaments genommen, als seine Schmerzen nachliessen, bald aber auch der Tod eintrat. Eine Untersuchung des Restes des Medikaments sowie die Sektion der Leiche des X. ergaben, dass dem Apotheker bei Herstellung des Heilmittels ein Irrtum unterlaufen und der Tod des X. auf den Genuss des höchst giftigen Medikaments zurückzuführen sei. S. wurde verurteilt, der Witwe des fahrlässig getöteten X. eine Entschädigungsrente zu zahlen.

Aber die Erinnerung an die glücklichen Zeiten ihrer Ehe mit X. und ein ausgesprochener Geselligkeitstrieb machten der Witwe X. das stille Witwenleben unerträglich. Schon bald nach dem Tode des X. reichte sie Z. die Hand zum Lebensbunde.

Z. muss nun die X. als Ehefrau alimentieren. Die Ansprüche der X. gegen Z. und S. haben folglich mit dem Momente der Wiederverheiratung der X. einen identischen Zweck, da sie beide auf die Alimentation der X. hinzielen. Erfüllt Z. seine Verpflichtung, so erlischt die gegen S. durch Zweckerreichung.[337])

Im übrigen gelten für die sub 2 genannten Fälle keine Besonderheiten. Hier finden die von uns aufgestellten

---

[336]) Vgl. auch Oertmann, a. a. O. S. 292.

[337]) Übereinstimmend Rappaport S. 190; dort die richtige Begründung.

Grundsätze über Zweckerreichung uneingeschränkte Anwendung.[338])

Auch für die „unechten Solidarobligationen" hoffe ich die Bedeutung des Problems der Zweckerreichung klargestellt zu haben.[339])

Fall 13, 14.[340])

Auch das bekannte, von uns bereits auf S. 95 dieses Buches in Kürze erörterte Problem des concursus duarum causarum lucrativarum bietet bei unserer Auffassung keine Schwierigkeiten. Vor allem bedarf es für den, der sich unserer Anschauung anschliesst, nicht einer genauen Abgrenzung des Problems des concursus duarum causarum lucrativarum, wie dies vor allem Hartmann[341]) anstrebte, weil wir das Problem der Zweckerreichung im allgemeinen — das Problem des concursus duarum causarum lucrativarum ist nur ein Anwendungsfall — genau abgrenzten.

Fall 13 mag den Ausgangspunkt für unsere speziellen Erörterungen über den concursus duarum causarum lucrativarum bilden.

Wenn A. dem B. den aus dem Verpflichtungskaufe zu liefernden Achenbach donandi causa liefert, so ist damit der Anspruch des B. auf Leistung des Achenbachs befriedigt.

---

[338]) Weil die Postulate der Billigkeit, die eine Ausnahme bei den sub 1) angeführten Fällen notwendig machten, hier nicht vorliegen. Stets aber ist auch hier nachzuprüfen, ob nicht in einzelnen Fällen die zu sub 1) genannten Postulate der Billigkeit vorliegen, resp. bei unentgeltlichen Zuwendungen seitens dritter, ob der dritte nicht die Schadensforderung bestehen lassen und nur nebenher eine Linderung des Schadens schaffen wollte. Vgl. auch S. 89 ff. dieses Buches.

[339]) Vgl. S. 124 dieses Buches.

[340]) Vgl. S. 4/5 dieses Buches.

[341]) Hartmann, a. a. O. S. 81—114.

Denn die Bedürfnisbefriedigung, die aus der Kaufforderung geschuldet wurde, ist vollständig und gleich günstig erreicht. Die Forderung erlischt wegen Unmöglichkeit der Erfüllung — Zweckerreichung. Aus dem kumulativ mitwirkenden Erlöschensgrund der „Unmöglichkeit der Leistung" allein liesse sich die ganze Wirkung, welche im vorliegenden Falle zu analysieren ist, nicht erklären.[342])

Auch für die eigentlichen Fälle des concursus duarum causarum lucrativarum ist die Annahme, dass hier die Forderung durch „Unmöglichkeit der Leistung" erlösche, aus den auf S. 95 f. aufgeführten Gründen ausgeschlossen. Als typisches Beispiel für den concursus duarum causarum lucrativarum, an dem wir noch einzelne Fragen näher erörtern wollen, mag Fall 14 dienen:

> In Bonn wohnt ein unbemittelter ausgezeichneter Geiger. Sein Herzenswunsch wäre eine dem H. gehörige Geige käuflich zu erwerben. Von diesem Wunsche erfahren die Musikfreunde F. und Z. F. bestimmt testamentarisch, dass dem Geiger die H.sche Geige verschafft werden solle. Z. verpflichtet sich durch notarielles Schenkungsversprechen, dem Geiger H.s Geige zu verschaffen. F. wusste bei seiner Verfügung zugunsten des Geigers nichts von der grossmütigen Absicht des Z. und umgekehrt. F. stirbt. Z. erwirbt H.s Geige und gibt sie (solvendi causa) dem hochbeglückten Geiger. Kann dieser nun noch gegen die Erben F.s aus der testamentarischen Verfügung F.s Ansprüche geltend machen? Was können die Erben F. einwenden?

Leonhard in Ecks Vorträgen über das Recht des Bürgerlichen Gesetzbuches I. Bd. S. 384 Anm. 6 und Zitel-

[342]) Vgl. auch S. 94 ff. dieses Buches.

mann (im Vortrag) nehmen mit vollem Rechte an, dass in diesen Fällen zu prüfen ist, welchen Inhalt die beiden Forderungen aus den unentgeltlichen Zuwendungen haben. M. a. W., sie fordern — wie wir dies für alle Fälle der Zweckerreichung tun — dass nachgeprüft werde, ob die beiden Forderungen zweckidentisch sind und nehmen nur dann bei Erfüllung der einen Forderung Erlöschen der anderen Forderung durch Zweckerreichung an.

Wäre also anzunehmen, dass F. in seinem Vermächtnis nur von der Verschaffung der Geige sprach, um dem Geiger die Annahme des Vermächtnisses auf eine entsprechende Geldsumme annehmbarer zu machen, so müssen die Erben F. eine Summe in Höhe des Wertes der H.schen Geige an den Geiger herauszahlen. Wollte aber F. lediglich, dass der Geiger das bestimmte Instrument erhalte, so werden die Erben F. durch Z.s Leistung frei. Die Forderung des Geigers gegen die Erben F. erlischt durch Zweckerreichung. (Kumulativ wirkt Erlöschen wegen „Unmöglichkeit der Leistung".[343]) Die von Eneccerus[344]) aufgestellte Behauptung, dass der concursus duarum causarum lucrativarum auf einer nicht zu allen Fällen zutreffenden Vermutung beruhe, halte ich für unzutreffend.

Auch nach unserer Ansicht ist dem Gesetzgeber beizustimmen, dass eine besondere Regelung des concursus

---

[343]) Vgl. Crome, BR. II S. 231 Anm. 8.

[344]) Vgl. Enneccerus, BR. I § 221 S. 540. Soweit er den c. d. c. l auf positive Normen zurückführt, ist ihm zuzustimmen. Schollmeyer, BR. S. 275 hebt mit Recht hervor, dass conc. d. c. l. (also Zweckerreichung) nicht vorliege, wenn nach Inhalt des Vertrags der Schuldner nur so lange haften soll, bis der Gläubiger auf irgendeinem andern Wege, z. B. durch Zufall, das, was ihm gebührt, voll und ganz erhalte und nun der Erwerb entgeltlich oder unentgeltlich eintritt. Hier ist Endigungsgrund der Vertragswille!

duarum causarum lucrativarum, wie sie noch das römische Recht hatte, sich nicht empfahl. Aber wir treffen nicht diese Entscheidung, weil dieser Endigungsgrund bereits in dem der „Unmöglichkeit der Leistung" enthalten sei,[343]) sondern deshalb, weil es sich bei dem concursus duarum causarum lucrativarum um einen Anwendungsfall eines allgemeinen Prinzips handelt, das näher zu formulieren der Gesetzgeber mit Fug und Recht der Wissenschaft überliess.

Fall 17.[345])

Die Lösung des Falles ist bereits auf S. 128 dieses Buches angedeutet. Es handelt sich hier um einen Erlöschensgrund, der dem der „Unmöglichkeit der Leistung" ähnlich sieht, der leicht auf den ersten Blick mit dem Erlöschensgrunde der „Zweckerreichung" verwechselt werden könnte, der aber in Wirklichkeit einer besonderen Behandlung bedarf. Die Obligation erlischt in diesem Falle, weil jedes Interesse des Gläubigers an ihrer Erfüllung weggefallen ist — ohne befriedigt zu haben.

In der gemeinrechtlichen Literatur[346]) war es streitig, ob die Obligation erlösche, wenn für den Gläubiger jedes Interesse an der Erfüllung weggefallen.

Während Windscheid[347]) diesen Erlöschensgrund nicht gelten lassen wollte, sprach sich Dernburg[348]) für Erlöschen der Obligation in diesen Fällen aus.

Für das neue Recht hat Crome[349]) diesen Endigungsgrund hervorgehoben. M. E. kann er nicht geleugnet werden. Voraussetzung ist, dass (wie in unserm typischen

---

[345]) Vgl. S. 6 dieses Buches.

[346]) Vgl. Windscheid, § 361 Note 3; dort genaue Literaturangaben.

[347]) A. a. O.

[348]) Vgl. Dernburg, II § 68 4.

[349]) Vgl. S. 128 dieses Buches, bes. Anm. 274.

Beispiel) jedes Interesse dauernd oder doch für den Zeitraum, in dem die Obligation wirken kann, weggefallen ist.

Aber hilft BGB. § 226 nicht dem Schuldner Z. zum Siege, wenn der Gläubiger X. nach Aufgabe des Dienstmannsinstituts ihn schikanös auf Leistung der Konventionalstrafe von 100 Mk. belangt, weil er (Z.) sich bei Y. anstellen liess?

Wir, die uns der von Hölder[350]) und Dernburg[351]) vertretenen Auffassung des § 226 BGB. anschliessen und durch BGB. § 226 auch ein närrisches, vernünftigen Zwecks entbehrendes Gebrauchen eines Rechts für verboten halten, zweifeln nicht, dass der Schuldner das Recht des Gläubigers auf die Konventionalstrafe bestreiten kann, weil seine Geltendmachung unvernünftiger Rechtsgebrauch sei und lediglich dazu dienen könne, ihn (Z.) zu schädigen.[352])

Würde so entschieden, so wäre das Urteil richtig, seine Begründung aber unelegant. Die für alle Zeiten vorbildliche Kunst der klassischen römischen Juristen bestand darin, die allgemeinen Generalklauseln, derer das Recht niemals entbehren kann, möglichst selten anzuwenden und stets zu prüfen, ob nicht eine Einzelbestimmung oder die besonderen Umstände des Falles bereits die Lösung geben. Sie gingen hierbei von der Erwägung aus, dass es sich bei diesen allgemeinen Bestimmungen um den Grundton des Gemäldes handle, auf den dann die Farben aufgetragen werden und dass sie, wie im Gemälde der Grundton, nur dort einmal unverdeckt hervortreten, wo das Kunstwerk unvollendet blieb.

Mithin dürfte die auf S. 145 angedeutete Lösung des

---

[350]) Vgl. Hölder, BR. zu § 226 3 c.

[351]) Vgl. Dernburg, BR. I § 43 Anm. 11.

[352]) Vgl. aber auch Planck, BR. I zu § 226 S. 376.

Falles nach der die Klage des X. abzuweisen ist, weil die Obligation erloschen, den Vorzug verdienen.

Die Forderung will Bedürfnisbefriedigung des Gläubigers. Diese Bedürfnisbefriedigung macht ihren Zweck — ihren Inhalt aus (vgl. z. B. § 399 BGB.). Sie ist so gedacht, dass sie erlischt, wenn ihr Zweck — die Befriedigung des Gläubigers — erreicht ist. Ist nun das Bedürfnis beim Gläubiger weggefallen, so wird damit die Forderung zum leeren Schemen.

Eine Leistung des Schuldners wäre noch möglich (daher liegt nicht der Erlöschensgrund der „Unmöglichkeit der Leistung" vor), aber sie wäre zwecklos, weil sie keinem Bedürfnisse mehr dienen kann. Auch die Bewirkung des Zwecksatzungsgeschäftes wäre möglich (daher liegt nicht „Zweckerreichung" vor), aber sie wäre unvernünftig.

Ist dieser Zustand der Forderung eingetreten, wo sie nicht mehr wirken kann, weil das Bedürfnis, dem sie dient, dauernd weggefallen ist, so muss angenommen werden, dass die auf dem Zweckgedanken aufgebaute Obligation durch Wegfall des Zwecks erloschen ist.

Die deutlichste Formulierung dieses Gedankens dürfte folgende sein. Die Forderung ist sich nicht Selbstzweck, sondern soll interimistisch in der Macht- (bei vermögensrechtlichen Ansprüchen) der Vermögens-Sphäre des Gläubigers die Lücke ausfüllen, die definitiv durch die Leistung des Schuldners geschlossen werden soll. Verliert nun die Forderung als Post in der Gläubiger-, Macht- (speziell Vermögens-)sphäre jedes Interesse, weil das Bedürfnis beim Gläubiger dauernd weggefallen ist, so tritt diese Wirkung in gleicher Weise für die Verpflichtung ein. Forderung und Verpflichtung verlieren ihre Kraft und erlöschen.

Im einzelnen Falle kann die Feststellung dieses Zustandes der Obligation Schwierigkeiten bereiten. Der

Schuldner ist beweispflichtig. Steht aber durch die nachträgliche objektive Prognose fest, dass die Bedürfnisbefriedigung seit einem bestimmten Zeitpunkte für den Gläubiger jedes Interesse dauernd verloren hat, so muss Erlöschen der Forderung angenommen werden.

Der Schuldner kann sich in solchen Fällen auf diesen Erlöschensgrund bei seinem Bestreiten stützen. Er braucht weder die Verjährung der Forderung oder deren Erlöschen durch Zeitablauf abzuwarten noch sich auf die Generalklausel des § 226 BGB. zu berufen.

Erlischt das zusammengesetzte Schuldverhältnis nach Erlöschen aller Einzelforderungen — durch Zweckerreichung? § 17.

Bereits auf S. 42/43 erörterte ich die Frage, ob von „Zweckerreichung" die Rede sein könne, wenn das zusammengesetzte Schuldverhältnis nach Erlöschen aller Einzelforderungen in sich zusammenbricht?

Nach unsern Erörterungen über das Wesen der Zweckerreichung auf S. 66 ff. dieses Buches ist diese Frage zu verneinen. Es handelt sich hier um einen besonderen Endigungsgrund von zusammengesetzten Schuldverhältnissen, der mit dem Erlöschen der Forderung durch Zweckerreichung nicht verglichen werden kann.

Erlöschen des zusammengesetzten Schuldverhältnisses durch Zweckerreichung bei der confusio. § 18.

Für die confusio hingegen ist m. E. auch für das zusammengesetzte Schuldverhältnis Erlöschen durch Zweckerreichung anzunehmen. Es handelt sich hier, soweit ich sehe, um den einzigen Fall, in dem das zusammengesetzte Schuldverhältnis als solches durch Zweckerreichung erlischt. Im einzelnen sind die Ausführungen auf S. 147/148 zu vergleichen.

Gegenansprüche des Schuldners bei Erlöschen der Forderung durch „Zweckerreichung". § 19.

Fällt die Verbindlichkeit durch „Zweckerreichung" weg, so muss noch die Frage erhoben werden, ob und inwieweit der Schuldner, dessen Verpflichtung durch Zweckerreichung erloschen ist, eine Gegenleistung vom Gläubiger verlangen kann.

Über diese Frage gibt es keine gesetzliche Bestimmung. Auch in der gemeinrechtlichen Literatur, auf die so oft zurückgegriffen werden muss, ist diese Frage nicht erörtert worden.[353])

Die Antwort lautet wie folgt:

Weil in den Fällen des Erlöschens der Forderung durch „Zweckerreichung" die Bedürfnisbefriedigung nicht durch eine Leistung auf die Forderung erreicht wurde,

---

[353]) Vgl. Windscheid, § 321 3 bes. Note 13 ff.

sondern durch eine nicht auf die Obligation gerichtete Tätigkeit oder einen zufälligen Vorgang, so kann vom Schuldner nicht auf das „Genetische Synallagma"[354]) zurückgegriffen, nicht die Verpflichtung des Gläubigers zur Gegenleistung geltend gemacht werden. Das, was seitens des Schuldners oder eines dritten geschah, oder durch Zufall eintrat, hat nur indirekt das Erlöschen der Obligation bewirkt.

Selbstverständlich kann der Schuldner in Fällen der Zweckerreichung aus andern Gesichtspunkten Ansprüche gegen den Gläubiger geltend machen. So kann der Baumeister, der den übertragenen Neubau weiterführt, obwohl der Gläubiger geisteskrank geworden und ohne gesetzlichen Vertreter ist, für seine Aufwendungen Ersatz verlangen. Nur kann er sich nicht auf Erfüllung seiner Verpflichtung, auf den gegenseitigen Vertrag berufen.

Damit haben wir auch die Entscheidung der Frage, ob der Schuldner, wenn die dem Gläubiger geschuldete Bedürfnisbefriedigung infolge eines zufälligen Ereignisses eintrat und mithin die Forderung durch Zweckerreichung erlosch — Anspruch auf Gegenleistung hat oder nicht? Auf Erfüllung seiner Verpflichtung, auf den gegenseitigen Vertrag, kann sich der Schuldner nicht berufen. Andere Gesichtspunkte für eine Anspruchsbegründung fehlen. Mithin wird der Gläubiger von seiner Verpflichtung zur Gegenleistung frei.

[354]) Vgl. Zitelmann, Int. Privatrecht II S. 405.

Schluss. § 20.

Das Ergebnis dieser Untersuchung mag zunächst befremden. Während man bisher die Fälle des Erlöschens von Forderungen durch Zweckerreichung fast als Ausnahme hinstellte, habe ich den Versuch gemacht, nachzuweisen, dass es sich bei dem Erlöschensgrunde der Zweckerreichung um einen bedeutsamen Erlöschensgrund — um ein allgemeines Prinzip handelt.

Ehe ich die Erörterung schliesse, möchte ich noch auf einen Gesichtspunkt hinweisen, der das Ergebnis dieses Buches noch annehmbarer machen dürfte.

Bei der Aufrechnung und Hinterlegung handelt es sich in der Tat doch auch um Erlöschen durch Zweckerreichung. Auch hier erlischt die Obligation, weil der entferntere reale juristische Zweck, die Bedürfnisbefriedigung des Gläubigers erreicht bzw. seitens des Schuldners alles geschehen ist, was zur Bedürfnisbefriedigung des Gläubigers erforderlich ist, ohne dass erfüllt wird. Sollte daher unser Ergebnis angegriffen werden, so wird man zunächst diese gesetzliche Regelung in Erwägung ziehen müsen. Überhaupt ist ja nur insoweit ein Zweifel über die Bedeutung und den Umfang des Erlöschensgrundes der Zweckerreichung möglich, als wir ihn über die im Gesetz geregelten Fälle hinaus erweiterten.

Dieses Buch hat seinen Zweck erreicht, wenn es zu weiterer Erforschung des Problems anregt.

Verzeichnis besprochener Quellenstellen.

1. Römisches Recht.

Institutionen.	S.	Digesten.	S.		S.
§ 6 J. 2 20	6	l. 37 D. 9 4	7	l. 4 D. 45 2	2
§ 2 J. 3 16	7	l. 26 pr. D. 17 1	43	l. 9 § 2 D. 45 2	7
§ 6 J. 4 8	7	l. 34 § 8 D. 30	6	l. 36 D. 46 1	140
		l. 108 § 4 D. 30	7	l. 61 D. 46 3	6
		l. 21 § 1 D. 32	91	l. 75 D. 46 3	7
		l. 7 § 7 D. 41 1	73	Institutionen des Gaius.	
		l. 17 D. 44 7	6	Gai IV 78	7, 117
		l. 3 § 1 D. 45 2	7	Gai IV 131	24

2. Deutsches Privatrecht.

Richtsteig, Landrecht cap. VI S. 11.

3. Moderne Reichsgesetze.

§	S.	§	S.	§	S.	§	S.	§	S.
BGB.		364	81	618	15	1180	20	487	131
107	111	366	104	619	15	1190	16	553	131
138	15	378	40	624	15	1204 II	16	623-627	131
158 II	41	387 ff.	17, 20,	655	15	1252	96	674	131
163	41		39	656	16	1273	16	725	131
226	15,146,	393	18	662 ff.	36	1279	20	754	131
	148	396	104	665	36	1467	20	No. 3	
232	20	397	41	673	42	1487	20	754	131
236	20	398 ff.	20	674	42	1541	20	No. 8	
238	20	399	17, 147	693	34	1588	15		
241	16, 20,	414 ff.	16	695	34	1807	20	CPO.	
	31	420 ff.	121	723 III	15	2111	20	268	73
242	15	422 I	1, 2, 98	762	16	2129	20		
243 II	51	422 II	17, 99	765 II	16	2151	127	KO.	
247	15	425	124	774 I	99, 100	2173	20	23 I	42
249	57	425 II	117,118,	774 II	99	2175	20,117,	23 II	42
267	17,101,		125	787 I	38, 39		118	27	42
	110	426 II	2, 99,	812	53	2194	129		
268	125		100, 125	812 I	17			BörsG.	
275	40, 93,	428 ff.	125,128,	Satz 2		HGB.		66	16
	97		129	813	108	366	131		
280 II	34	437	20	814	108	368	131	BinnenSchG.	
306	40	438	20	830	91	397	131	5	131
323	93	473		840 I	1	410	131	8 Abs. 4	131
328	126	Satz 1	81	904	15	421	131	112, 118	131
335	126	525 II	129	950 I	73	440	131		
343	15	567	15	1068	16	443	131		
362	19, 40,	607 II	81, 130	1074	20	481	131		
	99, 108	617	15	1113	16	486	131		

4. Landesgesetze.

SächsBGB. § 996 S. 18.

Herrosé & Ziemsen, Wittenberg.

Kolibri 360 GmbH
Ferdinand-Jühlke-Straße 7
99095 Erfurt, Deutschland
produktsicherheit@kolibri360.de